U0837656

居里夫人传

章　森◎著

時代文藝出版社

图书在版编目（CIP）数据

居里夫人传 / 章森著．—2版．—长春：时代文艺出版社，2016.4（2021.5重印）

ISBN 978-7-5387-5108-6

Ⅰ．①居… Ⅱ．①章… Ⅲ．①居里夫人，M.（1867～1934）－传记 Ⅳ．①K835.656.13

中国版本图书馆CIP数据核字（2016）第001691号

出品人　陈　琛
责任编辑　初昆阳
助理编辑　孙英起
装帧设计　孙　利
排版制作　隋淑凤

居里夫人传

章森 著

出版发行 / 时代文艺出版社
地址 / 长春市福祉大路5788号　龙腾国际大厦A座15层　邮编 / 130118
总编办 / 0431-81629751　发行部 / 0431-81629755
官方微博 / weibo.com / tlapress　天猫旗舰店 / sdwycbsgf.tmall.com
印刷 / 保定市铭泰达印刷有限公司
开本 / 710mm × 1000mm　1 / 16　字数 / 130千字　印张 / 12
版次 / 2016年4月第2版　印次 / 2021年5月第2次印刷　定价 / 39.80元

图书如有印装错误　请寄回印厂调换

授奖辞

Award-winning Remarks

以1911年度诺贝尔化学奖授予巴黎大学理学院教授玛丽·斯可罗多夫斯卡·居里女士，“以表彰她在化学发展中所作出的贡献：发现了化学元素镭和钋；确证了镭的特性，并分离出纯金属镭；还完整地研究了这一著名元素的化合物”。

——诺贝尔奖委员会

目录

Contents

序言　一位满怀母爱的伟大女性 / 001

第一章　屈辱难堪的童年

1．短暂的无忧时光 / 002

2．父亲的“副业” / 006

3．“物理仪器” / 010

第二章　贫苦而又奋发的学生

1．从寄宿学校到公立中学 / 020

2．憧憬美好未来 / 025

3．全新的起跑线 / 035

第三章　结识皮埃尔·居里

1．初识皮埃尔 · 居里 / 044

2．志同道合的朋友 / 056

3．崭新的婚姻生活 / 060

第四章　忙碌而细心的母亲

1．伊蕾娜 · 居里的出生 / 068

2．不一样的家庭教育 / 076

第五章　生死之间

1．提炼镭元素 / 084

2. 喜获殊荣 / 092
3. 晴天霹雳 / 102

第六章 献身科学
1. 进入索尔本大学理学院 / 114
2. 新的放射元素的研究 / 118
3. 科学服务人类 / 124

第七章 诺贝尔奖
1. 荣获诺贝尔物理奖 / 136
2. 荣获诺贝尔化学奖 / 142
3. 不为名利所累的平常心 / 145

附 录
居里夫人生平 / 156
获奖辞 / 160
获奖时代背景 / 162
居里夫人年表 / 165
获奖当年世界大事记 / 179

序言

一位满怀母爱的伟大女性

1867年11月诞生的玛丽，在自己不懈努力下最终获得诺贝尔奖，并被世界所称颂，她就是居里夫人。

居里夫人在科学上所获得的伟大成就是一道绚丽的光华，在众多不了解这位伟大女性的人心里，两次获得诺贝尔奖绝对是人生的最伟大成就，事实上在居里夫人自己看来，获得诺贝尔奖与否并不是她真正在乎的事情，她的精力在于科学研究以及自己的家庭。只是在她努力研究科学的情况下，因为她的卓越成就而获得了诺贝尔奖也是她的意外之喜，这在很多人看来是荒唐的。在人们的心里，追求科学的最高奖项即使不算居里夫人的最终目标，那这个伟大的奖项也至少是居里夫人为之奋斗的一个目标。当然，这并没有错，但是在居里夫人眼中这个目标是附带的或者说是为了证明另一个目标而存在的，那就是证明她自己的研究是一个全新的领域，她所取得的成就是瞩目的，简单地说就是她要证明自己是对的。这并不容易，但是她还是做到了。

而在家庭方面，居里夫人更是凸显了自己的教育理念以及教育方式方法的科学性、正确性、前瞻性。居里夫人没有按照传统的家庭教育模式来教育自己的子女，更没有像自己父母那样担心孩子智力的过分开发而压制孩子的学习积极性，她是通过制定教育计划并亲自带领孩子们去实现的。对于很多父母而言，亲自教育孩子知识和做人是再常见不过了，但对于整天缺乏休息时间的居里夫人而言就是一件相当困难的事情，她已经将自己的时间都放在科学研究和实验上了，即使是睡眠时间也严重不足，在这样的情况下，她依然抽出时间来教育子女以及为孩子织毛衣、做衣服等，并且还会带上自己的女儿一起骑车去旅行并通过旅行来告诉她们一些道理，这就不容易了。在居里夫人的两个女儿心里，居里夫人的闲暇时间非常少，很多事情往往是在一起解决的，比如她在同其他科学研究者一起谈论的时候，也会顺便给自己的女儿做件衣服。

父母对于子女的爱是深厚而无私的。居里夫人做到这一点自然不奇怪，即使她更爱她的女儿们，我们也是能够接受的。但是她不仅仅对自己的女儿如此疼爱，就是对自己的学生也十分照顾，就不是一般人能做得到的了。她对待自己的学生很亲切，即使学生做错了事情，她也不会责骂他们。这是一种爱人及人的心态，同时居里夫人将自己这种无私的爱惠及整个人类——她公开了原本可以赚取大量金钱的镭的提炼方法并放弃申请个人专利。这种放射性物质对癌症、肿瘤的治疗有很大的帮助，对医疗事业的发展也影响深远，居里夫人能够在利益的诱惑下果断放弃，是难能可贵的，也正因为如此，更多的人为之折服，对她表示深深的敬意。

所以在她去世之后，爱因斯坦在《悼念玛丽·居里》中曾说道："在像居里夫人这样一位崇高人物结束她的一生的时候，我们不能仅仅满足于只回忆她的工作成果和对人类已经做出的贡献。第一流人物对于时代和历史进程的意义，在道德品质方面，也许比单纯的才智成就方面还要大，即使是后者，它们取决于品格的程度，也许超过通常所认为的那样。

"我幸运地同居里夫人有20年崇高而真挚的友谊。我对她的人格的伟大愈来愈感到钦佩。她的坚强，她的意志的纯洁，她的律己之严，她的客观，她的公正不阿的判断——所有这一切都难得地集中在一个人身上。她在任何时候都意识到自己是社会的公仆，她极端谦虚，永远不给自满留下任何余地。由于社会的严酷和不公平，她的心情总是抑郁的。这就使得她具有那严肃的外貌，很容易使那些不接近她的人发生误解——这是一种无法用任何艺术气质来解释的少见的严肃性。一旦她认识到某一条道路是正确的，她就会毫不妥协地并且极端顽强地坚持走下去。

"她一生中之所以能取得最伟大的科学功绩——证明放射性元素的存在并把它们分离出来，不仅是靠着大胆的直觉，而且也靠着在难以想象的极端困难情况下工作的热忱和顽强，这样的困难，在实验科学的历史上是罕见的。

“居里夫人的品德力量和热忱，哪怕只要有一小部分存在于欧洲的知识分子中间，欧洲就会面临一个光明的未来。”

居里夫人如此伟大的品格以及她对所有人的母爱般的关怀值得更多人去纪念她，去学习她。

第一章　屈辱难堪的童年

1. 短暂的无忧时光

1867年11月7日，物理教师乌拉迪斯拉夫·斯可罗多夫斯基家又添了一个千金，名叫玛丽。

玛丽的父母都从事教育事业，是见过世面而且很有见识的人。父亲曾经在圣彼得堡大学研究科学，毕业后回到华沙，在一所中学教授数学和物理。母亲是一个小地主家的长女，聪明、温柔、端庄，毕业以后直接留校任教。由于她对教学有独到的想法又能力出众，不久就被任命为这个学校的校长，之后把这所寄宿女校办得很成功，临近的一些有钱有地位的人也都十分放心地把自己的女儿安排到这所学校来生活学习。由于父母都是教师，自然对子女的管教很有方法，以至于后来玛丽姐妹几个都有不错的成绩。

但玛丽的母亲既要照顾众多子女，同时还要处理学校的各项事务，是事业兼家庭型的女性，这在当时的社会是非常不容易的。这样的辛劳使得她原本就不好的身体每况愈下。在迫不得已的情况下，她不得不辞去校长一职，专心于家庭事务。她们全家离开了弗瑞达路的房子，那时玛丽才刚刚满一周岁。

自从搬到新家，玛丽的母亲就再没有找任何工作，正式成为五个孩子的全职母亲，将全部精力都放在了照顾家庭上。在玛丽降生到这个家庭之前，玛丽的父母已经有了四个小孩：老大苏茜娅、老二布罗尼亚、老三海拉，还有一个男孩约瑟夫。其中比玛丽大整整五岁的苏茜娅从小就十分懂事，很自然地承担了一部分家庭责任，在担任姐姐这个角色的同时也像一个妈妈似的照顾弟弟妹妹。她经常会给妹妹们讲故事，并且亲吻妹妹——这个原本应该是母亲才会经常做的事情在玛丽母亲无法照顾周全的情况下都由大姐姐苏茜娅全权代替了。玛丽从小就很依赖这个姐姐，后来苏茜娅因患斑疹伤寒不治去世，玛丽为此伤心难过了很久，以至于她一直对疾病很是痛恨，她热切地希望所有人都不会生病，能远离病痛，健康快乐地生活，这也是玛丽在后来发现镭的放射性可以用来为医学服务时公开镭的提炼方法，并且拒绝为镭申请专利的一个重要原因吧。正如她自己所说的，“那是违背科学精神的，科学家的研究成果应该公开发表，别人要研制，不应受到任何限制……何况镭是对病人有好处的，我们不应当借此来谋利”。

虽然苏茜娅对玛丽是爱护有加，但在玛丽幼小的心里，母亲一直有着圣母的光辉，有如圣母一般慈爱，她一直很想扑到母亲怀里，让母亲拥抱自己，亲吻自己，但是母亲最多也只是用手轻轻抚摸玛丽的脸。其实这样的爱抚对于幼小的孩子是远远不够的。在玛丽再大一点的时候，她似乎有点明白母亲的苦衷了，于是便在自己的晚祷告的最后加上了一句：“上帝保佑母亲早日康复！”

玛丽后来了解了母亲不幸患的病的可怕之处，这是一种极容易传染的疾病——肺结核，这在当时几乎是没法治愈的，俗称“富贵病”，只能通过休息和调养来缓和病情，而且不能太过劳累。她母亲自然十分不愿意把病传染给自己的孩子，便立下了严格的规矩：只用她专用的一套餐具并且单独刷洗，不可以拥抱亲吻自己的子女。

因此母亲一到假期就让孩子们去乡下亲戚家里小住玩耍，孩子们不愁吃喝，也可以缓解自己想接触孩子的念想，希望能通过假期分居减少肺结核传染给孩子们的可能性。这对于玛丽的母亲而言是非常无奈的举措，看看空荡荡的房间，想着孩子们可爱的脸庞和热闹的欢声笑语，这位被病魔苦苦折磨的母亲的心仿佛也变得空荡荡的……

玛丽对于乡村风景和田园生活的情有独钟或许也就是从那个时候开始的。她喜欢那宁静的生活氛围，清新的自然风光；她喜欢那种自由自在的惬意和美好；喜欢用自己的母语——波兰语尽情地歌唱。玛丽在祥和的乡村度过了自己最为快乐的，有如蓝宝石般澄澈的童年时光：她会在小树林里耐心地看各种不知名的鸟儿跳跃盘旋飞翔，听着它们婉转的叫声，在平整的嫩绿的草地上采下鲜艳美丽的花朵，在林间清凉的小溪里捉鱼儿，在草地上躺着和玩伴们唱歌打滚嬉戏，远远地看着赶车的老伯高兴地挥舞着牧鞭，听哥哥姐姐们讲古老传奇的故事，在石头上晒黑泥巴捏成的饼……

当然，活泼的小玛丽也有调皮捣乱不听话的时候，每每此时她的二姐布罗尼亚就会像老师一样站出来对她说："你知道你的名字有几个字母吗？知道它们是怎么排列的吗？"接着在玛丽的死缠烂打下才"不情愿地"说出正确的排序，就是这样一个简单的游戏教会了玛丽所有的大小写字母。布罗尼亚根本没有想到，她这个老师还没有当过瘾，玛丽就已经学得非常好了，好到连她们的父母都感到不可思议。

一天早晨，布罗尼亚正在父母面前结结巴巴地朗读一段很简单的文字，她读得着急，玛丽听得也很着急，便从姐姐手上拿来那本翻开着的书，在大家惊讶目光的注视下，很流利地读出了那一页的第一句。

正当她很得意地准备继续朗读时，周围的寂静使她忽然惊慌起来，她看了看父母惊呆了的脸，又看了看姐姐一脸不高兴的样子，语无伦次地说了几句不知道怎么表达心情的话，就忽然大哭起来，并且悲哀地重复着说："请原谅我……原谅我……我不是故意的……这不是我的错……也不是布罗尼亚的错……这只是……只是因为它太容易了。"

其实父母并没有想责怪她的意思，只是太惊讶于她的表现罢了。然而这一次的突出表现却带来了一个奇怪的结果——玛丽在之后的两年里没有再接触到书本，因为她父母觉得她太过聪明，担心智力的过早开发对她以后的健康不利，所以禁止她在这两年里阅读任何文字，这个禁令直到六岁那年玛丽进入寄宿学校开始真正的学习才宣告废除。

但就在玛丽正式进入学校的前几天，一件小事使她对学校产生了一种不好的感觉——那天晚餐前，玛丽的父亲在厨房门口满脸怒气地和玛丽的母亲说着什么，原本她以为父母是为了什么事情在争吵，走近听才发现不是这样，似乎是父亲抱怨他们学校的校长不应该为了一个学生在作文中写了几个波兰文字就对那学生大声责骂，甚至还准备开除那个学生以儆效尤，这个严重的处罚措施令她父亲非常不满也十分恼火，同时他也是在为自己的国家陷入这种难堪的境地而悲痛万分，她的母亲只能在一边轻声细语地安慰着心情难以平复的父亲。

在玛丽心中，父亲是一位很和善的人，从不轻易动怒，也是一位英雄一般的人，她自然认为父亲是对的，便对那个校长也产生了十分不满的情绪，而同时在心里也为今后的学校生活产生了些许担忧，不过这并没有影响到她对在学校可以自由自在读书的渴望。一个星期后，玛丽在父母的帮助下，住进了一所寄宿学校，开始了自己的校园生活。住进学校进入知识的殿堂，这是玛丽所期望的，也是她一直梦想的生活。现在这些就快成为现实生活了，玛丽晚上激动得无法入睡。而在她进入学校之前，家里还是出现了一些变故。

2. 父亲的“副业”

在1873年的秋天一个看似寻常的日子里，斯可罗多斯基先生带着全家回到诺佛立普基路的第一天，正在准备开课的时候，发现他的桌子上压着一封公文，公文的主要内容是奉上级命令，他的薪水将有所减少，并且他的副督学头衔以及按职务所分配的住房，要全部撤销。斯可罗多斯基先生当然明白这意味着他被降职了。

毫无疑问，这正是这个中学的校长依凡诺夫，对一个不怎么愿意奉承自己、不能按照自己意愿做事的属员所施行的一种报复。或许当初在学校办公室和别的教师一起议论校长的言辞被一些别有用心的人听到并去校长那儿邀功了，又或者就是当时校长依凡诺夫就在办公室外听到了那些令他不快的言辞，总之，斯可罗多夫斯基先生被这个校长认定了是一个对自己不尊敬的属员，于是拿他开刀也是情理之中的了。对于这个“小鞋”斯可罗多斯夫斯基先生必须要穿，甚至以后还会陆续出现一些“特殊”待遇。

先不看斯可罗多夫斯基先生是怎么应付今后的各种挫折和挑战的，就目前来说，在玛丽母亲辞职以后，这个家庭的经济本就面临着入不敷出的局面，如今真可谓是雪上加霜了。本来斯可罗多夫斯基先生还是有一些积蓄的，但是一个运气不佳的兄弟拉他去做了冒险的投机，投资于一种很奇特的蒸汽磨。这位教师一向十分谨慎小心，这次却在这个兄弟的蛊惑怂恿之下，鬼使神差地做出了一个错误的决定，玛丽家很快就丧失了3万卢布的积蓄，这可是他们家的全部家当啊。从这以后，斯可罗多夫斯基先生每每想起自己因为轻率而犯下的错误就无比地懊悔心痛，他为自己使家境更加贫困而自责，为女儿们没有嫁妆而感觉到无助，精神上的压力一天比一天沉重，日子过得很是悲苦。同时玛丽母亲的病情由于有所加重而不得不去入住疗养院，这如同雪上加霜，使得斯可罗多夫斯基先生肩上的压力更加沉重了。

到了他觉得迫不得已的时候，斯可罗多夫斯基先生找来了自己的五个儿女，用轻缓的语气对孩子们说：“有一些外地的学生想要找住的地方，你们的母亲也去了疗养院，家里应该可以腾出一间房来，我们可以收些饭钱和房租，你们觉得呢？”

海拉立即响应父亲的想法，并大声说道：“哦，是的，父亲。如果您愿意的话，再对外公开说您愿意给这些住宿学生补课，凭您的名声一定会有很多人愿意住进来的，您还可以顺便加收一点点补课费。”

“嗯，你总是有一些新奇的想法——不过这个想法很好。”

在家庭成员的一致同意下，斯可罗多夫斯基先生的副业也就这样定下来了。虽然这个举措暂时缓解了玛丽家的经济状况，但是从最终的结果来看，这却是一个不明智的举动。

家教在当时虽然不新鲜，但是也是比较少见的。在战争年代，教育虽然依旧为大家所重视，但是类似于家教这样的行业还是很多家庭不能接受的，不为其他，仅仅是额外多出来的补课费就不是一般家庭能够负担的。

为了使家人能够有所积蓄，过上不为吃穿发愁的安稳生活，斯可罗多夫斯基先生带领全家开始了一段辗转迁居的飘零生活，最终在无比艰辛的努力下，他们一家把诺佛立普基路和加美利特路转角处的一所房子作为了今后安定生活的大本营。因为家境日益困难，他们的生活逐渐发生了改变。起初斯可罗多夫斯基先生只收了两三个寄宿学生，后来渐渐增加到5个、8个、10个……这些学生都是从他所教的学生里选出来的，他为他们提供所有的食宿以及个别辅导。这样确实是解决了这个困顿家庭的一些经济问题，但是这所房子也因为人员的杂乱变得像一个吵闹的菜市场，家庭成员之间的亲密感也完全消失了。

这个家庭并没有得到神灵的眷顾，玛丽第一次遭遇厄运，看到了命运的无奈与悲摧。在整整两年以后，1876年1月，她家的一个寄宿生突然患了斑疹伤寒，并且很快传染给了布罗尼亚和苏西娅。在接下来的几个星期里，家里充斥着病痛、压抑和悲凉，多么可怕呀！在一个房间里，玛丽的母亲尽力要抑制住自己的一阵阵咳嗽；在另外一个房间里，布罗尼亚和苏西娅因为发着久治不退的高烧而不时呻吟。在一个令人痛苦到颤抖的星期三，父亲来找约瑟夫、海拉、玛丽，将他们带到大姐的跟前，苏西娅穿着一套洁白的衣服，安静地躺在灵柩里，面无血色，却又似乎是在微笑，两手合在一处，头发剪得很短，样子非常安详美丽，如同睡着了一样。

玛丽第一次遇到的死亡竟是这么刺痛心灵，大姐的离世实在是让她难以从无言的悲痛中解脱出来。她穿着一件素黑的小外衣参加了自己的第一次至亲的葬礼。而在恢复期中的布罗尼亚，只能靠在病床上沉痛表达对大姐的不舍。身体孱弱到不能移步出门的斯可罗多夫斯基夫人，勉强地从一个窗户挪到另一个窗户，泪流满面地目送自己孩子的棺木沿加美利特路缓缓离去。

如此痛彻心扉的失去，他们却不能责怪那个患了斑疹伤寒的寄宿生。虽然他们都信仰伟大的神，但是这次却在心里对神发出了无声的痛苦控诉：为什么要夺走这么善良的孩子？！玛丽也早就听说了"生活很残忍"之类的话语，但是这次却让她心底产生了隐隐的无奈的悲痛，而后她在自己母亲的死亡中彻底明白了这个所谓的残忍是多么的残忍！在知晓自己家庭的大体状况以后，玛丽也开始慢慢懂事了。玛丽也是从这个时候起渐渐养成了她那种坚韧执着的性格，也养成了她不看重物质享受的生活态度。

作为家庭收入的一个重要部分，也作为斯可罗多夫斯基先生的一个"副业"，他们家依然是一个寄宿学校的模样，而且隐隐约约地竟形成了一个有体制的家教模式，斯可罗多夫斯基先生的子女也承担了一些力所能及的家教任务并完成得相当不错。

但是当时的家教并不是一个很成熟的行业，斯可罗多夫斯基先生要在每个月月底去一些没有交钱的学生家里亲自收取学费，在雨天或者冷天穿过冷清的市区，走上很远的路程。学生常常是不听话或懒惰不看书的，学生家长往往还要让他在透风的门厅里等很久才能拿到可怜的几个卢布，而这个教师是迫切地需要这几个钱作为家庭花销补贴的，他总是细心地算准在哪天早晨能够拿到这些钱。总之，这不是一个令人愉快的好差事。

玛丽16岁的时候，已经明白了这个“赚钱”的活不是那么容易的，往往是教师付出了很多，但是由于学生自己不上心、不努力而无法获得该有的效果甚至没有效果，管理太严了会影响学生来报名学习的热情，生源数量也会受到影响；管理松了同样会影响到教学秩序和效果，影响到学生家长对斯可罗多夫斯基先生教育方式的评价，从而直接影响到生源，甚至是自己的声誉。所以同时想让学生和家长都满意就绝对是一件非常困难的事情了，好在玛丽一家人都有足够的耐心，在那么多年的家教生活中并没有出现什么大问题。

在玛丽兄弟姐妹的支持下，斯可罗多夫斯基先生的“副业”办得相当顺利，虽然每个月收取学费的时候要费点神，但是毕竟还是有一部分固定的经济收入，也勉强维持了这一家人的经济开销，当然在这期间还发生了一些事情。玛丽进入初中学习后，对这个社会也看得清楚了些，懂得了更多的事情，对自己的未来充满了憧憬。在这个特殊时期玛丽也经历了殖民式学校的教育，虽然学到很多知识，但是尊严也受到了蹂躏，心中充满了愤怒和不满。

3. “物理仪器”

玛丽是在1873年入学的，当时她只有6岁。一开始，她也和自己的姐姐一样进入西科尔斯卡夫人创办的私人女子寄宿学校。她是班上最小的女孩子，比同学要小两三岁，但是令人惊奇的是她的智力和记忆力却在班上遥遥领先，成绩也是最好的。很快她就喜欢上了自己的历史老师杜巴斯卡小姐，她严肃优雅的谈吐让玛丽对她十分有好感。

有一天，杜巴斯卡小姐穿着一套黑色的衣服，严肃的脸色带着和她年纪不相符的表情，她沉重有力地说："同学们，在14世纪中叶的时候，当时的波兰国王瓦迪斯瓦夫一世在经过多年的征战之后，重新统一了波兰王国……"

第二天，杜巴斯卡小姐让同学们复述昨天的讲课内容，玛丽站起来说："波兰历史是从博莱斯拉夫建立皮阿斯特王朝开始的……1385年以后，波兰和立陶宛在共同抵御德意志骑兵团入侵时，合并组建了波兰共和国；1596年，华沙被选为波兰的首都。这是我们波兰最兴盛的一段时间，但是到了1654年，沙俄开始大肆入侵我们波兰，经过1772年、1793年和1795年的三次战争，波兰先后三次被普鲁士、奥地利、沙俄瓜分，波兰渐渐被肢解瓜分完……"说到这里，玛丽又加了一句，"国王斯坦斯拉夫没有勇气和他们一战，这是波兰的不幸。"

杜巴斯卡小姐向玛丽赞许地点点头，示意她坐下。

突然，两声长、两声短的电铃声从楼梯平台那边传了过来。这种信号立刻引起这些还在历史中愤慨的师生莫名而熟悉的惊慌。

杜巴斯卡小姐猛然挺直身子，急忙收拾起讲台上散乱的书本。一些敏捷的小手也把课桌上的关于波兰文的笔记本和课本都收拾起来，一股脑地堆放在 5 个学生的围裙里，她们再抱着这些东西，从通往寄宿生宿舍的门里出去。当这 5 个学生喘着气回来坐下的时候，前厅的门缓缓地打开了。

“你们在搞什么？”肥胖而严厉的霍恩堡先生站在了门口，一身讲究的制服——黄色长裤，蓝色上衣，缀着发光的纽扣，紧紧地裹在他身上。这位督学先生显然有些不高兴，他质问杜巴斯卡小姐：“你又在瞒着我搞什么鬼把戏吗？哼哼！可没那么容易，让我当着你们校长的面来揭穿你。”

在政府督学身后一语不发地看着一个个乖巧的孩子的校长西科尔斯卡小姐，表面很镇静，她用眼睛的余光瞟了一下这个肥胖的不讨人喜欢的先生，心里却十分忧虑不安。

今天的霍恩堡似乎是得到了什么消息一样，一来到学校就叫上了校长，立即赶往楼梯平台，走进了教室。天哪！这么短的时间够大家安顿好那些“违禁物品”吗？校长西科尔斯卡小姐看着这些孩子安静的表现，感觉似乎已经安顿好了，焦虑的内心稍稍平静了一点儿。

25个小女孩都在低头做针线，手指上戴着顶针，在一块有毛边的四方布上锁着扣眼，剪子和线轴散乱地堆放在空桌沿上。杜巴斯卡头上的青筋有点突出，脸色涨红，心中愤怒不已，教师的桌上明显地放着一本打开的书，是用合法文字印刷的。

这时，校长西科尔斯卡从容地用俄语解释道：“督学先生，我们每星期都会给这些女孩子上两小时的缝纫课。”

霍恩堡向教师走过去。

“小姐，刚才是你在大声宣读吧，那么，不知道你刚才读的是什么呢？”

“是克雷洛夫的《寓言》，先生，我们今天才刚刚开始学习。”

杜巴斯卡小姐十分镇静地回答，脸色也慢慢恢复了正常。

霍恩堡像是漫不经心的样子，随手把面前的一张课桌的盖子掀开，可是那里什么也没有，没有一本书，甚至连纸片都没有。

“这样的话，那请你叫一个学生站起来。”

坐在第三排的玛丽听到这里，情不自禁地把她那略带恐慌的小脸转向窗户并在心里暗暗祈祷着：“我的上帝，叫别人吧！叫别人吧！不要叫我！不要叫我！千万不要叫我！”

但是她知道那个被叫到名字的一定会是她。她记得，几乎每次回答政府督学的问话都会是她，因为她知道得最多，而且俄语讲得十分流畅。听见叫她的名字，虽然有些不情愿，但是她还是站了起来，一种不让说母语——波兰语——的耻辱感再次从心底升起。

霍恩堡立即说：“祈祷文，背诵一遍。”他的态度显然是十分冷漠与厌烦。

玛丽用毫无感情的声音正确地背诵了出来。

这是沙皇发明的一种打压民族心理的方法，每天强迫波兰小孩用俄语背诵天主教祈祷文。就这样，他以尊重他们的信仰为借口，却可以达到自以为可以达到的洗脑目的。不过沙皇统治者却忽略了另一种可能，这种洗脑可能导致更多人对沙皇统治的默默抵抗，当然这是他们不曾预见的。

教室又完全寂静了下来。

“从叶卡特琳娜二世起，统治我们神圣俄罗斯的皇帝是哪几位？”这位督学先生特地严肃地重读了“神圣俄罗斯”几个字。

“叶卡特琳娜二世，保罗一世，亚历山大一世，尼古拉一世，亚历山大二世。”

督学满意了，这个孩子的记忆力非常优秀，而她的口语发音更是惊人——她似乎和那些生在圣彼得堡的孩子一样，竟能说出这样流畅动听的俄语来。

“请把皇族的名字和尊号说给我听吧。”

“女皇陛下，亚历山大太子殿下，大公殿下……”

她按次序说完了那一串很长的名字，霍恩堡督学的脸上终于显露出了微笑。而玛丽此时心中却十分烦乱，她板着面孔，极力压制自己心中的反感和恼火。

“沙皇爵位品级中的尊号是什么？”

“陛下。”

“那么我的尊号呢，是什么？”

“阁下。”

这个督学总是喜欢问这些品级上的细节，认为这些比数学或文法还要重要。或许仅仅是为了取乐，他又问：“谁统治我们？”

校长和学监为了掩饰她们心中的怒火，都注视着面前的花名册。等了一会儿没有得到答案，霍恩堡生气了，用更大一点的声音质问：“是谁统治我们？”

“亚历山大二世陛下，全俄国的皇帝。”玛丽很痛苦地说，她的脸色瞬间变得惨白起来，仿佛被抽拔了最后的一丝精神。

考问结束，这位官吏略一点头，向隔壁屋子走去，西科尔斯卡小姐跟随在后面。

这时，杜巴斯卡小姐才抬起头来，对满脸委屈的玛丽招招手：

“到这儿来，我的孩子。”

玛丽离开座位，走到教师面前，这位教师什么话也没有说，搂着玛丽轻轻吻她的额头。而这个刚刚还镇定勇敢的波兰小孩立即难过得大哭起来。

玛丽在周末回家的时候，精神也显得很不好，她一个人静静地走进了父亲的书房，想要从父亲那里寻找一些安慰。但是却看到了书架上一排排整齐的书，还有一些架子上堆放着的各种仪器，她知道这些都是物理仪器，还记得在自己很小的时候，父亲就告诉过自己这些仪器的名字：天平、玻璃试管、验电器……

而当玛丽此时再次看到它们的时候，突然觉得这些物理仪器都非常可爱有趣，比缝纫课、历史课都更加吸引玛丽的眼睛和心灵。玛丽用小手慢慢地抚摸着这些仪器，脸上露出了往日的微笑，那可爱的淘气的表情再次浮现在她的脸上。

1881年，玛丽14岁了，哥哥约瑟夫和姐姐布洛尼亚都以优异的成绩从高中毕业。约瑟夫选择了学医，而由于当时大学不接收女学生，布洛尼亚没能继续深造，但这位性格倔强的青年并没有放弃继续学习的愿望。她甚至有了自己的计划，那就是去巴黎留学，不过这么一大笔费用家里是没办法拿出来的，她只好压住了心中的强烈愿望，决定还是先在家里帮忙，毕竟两个妹妹还小。

她很爱她的父亲。玛丽的父亲身为一家之主，又当妈妈又当爸爸，在生活和学习上引导着孩子们的发展，从生理到心理陪伴着他们健康成长，独立抚养这四个孩子在当时动荡的时代是相当不容易的。现在即使是孩子们都长大了，他想要维持家里的收支平衡也是很困难的，不过他还是会花些时间来看他很费力才弄到手的书籍，以便继续充实自己的科学知识，跟上时代的步伐。他觉得很多事情都是理所应当的，觉得自己的知识和见识应该赶上化学和物理学的发展大潮；他更觉得自己应该知晓希腊文和拉丁文，当然除了波兰语和俄语之外，他也能够说法语、英语、德语；他能够试着把外国作家的著作用散文或美文等文体翻译过来；对了，也能够自己写一些诗——他把亲手写的诗都小心地抄在一本黑绿两色封面的学生练习本里：《生日赠友》、《欢庆婚礼》、《致往届学生》……作为一名热爱学问的教师，他就像一块海绵广泛吸收着各方面的知识，无论是自然科学还是实验室科学或是文学内容。每个星期六，斯可罗多夫斯基先生会和他的儿子以及三个女儿待在一起，聊聊家常，研究研究文学。一家人其乐融融地聚在一起谈天说地，看上去像一个小规模的知识俱乐部。玛丽的父亲依然像玛丽小时候那样，是她的保护者，是她的教师，而且她一直相信他是无所不知的。

在周六的晚间，他们围着冒热气的茶炊轻松地闲谈，这位老人或背诗或朗读或阐述一些见解，他的儿女们都会听得十分入神。虽然他已经秃顶，留的一点点灰白胡子使他原本温和的胖脸显得有点长；长期的教师生活使得他口才非凡。一个又一个的星期六过去了，古老的名著就这样通过熟悉的声音以生动的形式展现给玛丽，以前这个声音说各种童话故事给她听，念志怪游记给她听，或是教她读《大卫·科波菲尔》；现在，仍是那个声音，或许因为在中学里教课太多，略微哑了一点，声音显得有点苍老地向他的四个孩子高声朗诵一些浪漫派作家的杰作。在波兰，这些作家主要都是敢于描写被奴役以及英勇地反抗的诗人，比如斯洛伐茨基、克拉新斯基、密茨凯维支。这个教师翻着那些用旧了的书籍，高声朗读《塔杜施先生》中气壮山河的大段独白以及《科尔第安》中无比沉痛的诗句，玛丽永远也忘不了这些晚上。幸亏有她的父亲，她才能在一种不多见的、发展才智的良好氛围下成长，而这在一般女孩中是很难得的。然而她对自己父亲的深切了解，使细心的她能看穿在他的平静和蔼的外表下暗藏着多少无法言说的苦痛。这是一个孤独者无法自慰的悲哀，一个不得不从事次等工作的受迫害的职员的忧愁和一个谨慎的人深深的懊悔，因为他仍在责备自己当初不应该倾尽财产投资那次倒运的投机。

玛丽在16岁的时候，就明白作为补习教师的父亲的辛劳和苦痛：在雨天和冷天穿过市区，走很远的路去收取可怜的10卢布；学生常是不听话或懒惰的，学生家长往往让人在有穿堂风的门厅里等很久。那些维持生计无奈的苦痛是没有经历过的人所无法理解的。

为了生活的需要，玛丽勇敢地接受了私人授课的劳苦生活，但是她还有另外一种生活，一种热烈而秘密的生活。有许多美好的梦想在鼓动她，在刺激着她的澎湃又年轻的心，使她与当时当地所有的波兰人一样，忍辱负重地奋斗不止。

不久之后，玛丽转到了布洛尼亚刚刚毕业的公立高中继续读书，她穿上了栗色的学生制服，而海拉依然留在西科尔斯卡寄宿女子学校，穿着那件海蓝色的学生制服。本来玛丽也想继续留在那个学校学习生活的，不管怎么说，那里的老师对她很好，她可以毫无顾忌地讲述真实的历史，也可以偶尔说说波兰话，可在公立高中显然是不行了，在那里只许说规定的俄语，讲述那些被修改了的耻辱的历史。谎言伪装成真理，邪恶代替了善良。而那里的老师也像是对待阶级敌人一般对待这些无辜的学生，在那里读书更像是在蹲监狱，不但言行完全不自由，也很难获得应该了解的知识。但是，想要今后继续深造就需要教育部门颁发正式的文凭，这是硬件，玛丽也不得不暂时为此低头屈服了。当然，海拉不一样，海拉的意愿是搞音乐，有没有所谓的文凭对她来说不重要，所以她依然可以快乐得像个精灵。

此刻玛丽不得不告别学习生活了8年的学校，带着依依不舍的心情离开，在分别的时候，西科尔斯卡校长将她拉到一边说："玛丽，我的孩子，一定要记着我对你们说的话，要隐忍，学会忍耐，只有这样才能取得最终的成功——千万记住了，要忍耐。知道了吗？"

这位校长自然知道玛丽的聪明，也相信这将是一个不可多得的天才。可是真正的天才都需要有自由的空间才能很好地成长，而当时的波兰基本丧失了这个环境，那么在哥白尼和肖邦之后，波兰还会出现一个让世界震撼的天才么？正是因为有这样的考虑和担忧，在如此动荡不安的年代，她不得不反复提醒年幼的、涉世未深的玛丽凡事要隐忍。

"西科尔斯卡老师，您放心，我一定会谨记的！"14岁的玛丽仿佛有些明白这位恩师的意思了。

第二章　贫苦而又奋发的学生

1. 从寄宿学校到公立中学

进入高中以后，在新班级里玛丽的各科成绩依然遥遥领先，成了名副其实的高才生，这也使得班里的那些俄国、德国、犹太血统以及波兰同学对这个小姑娘敬佩不已。但是学校的管理层却表现出一丝震惊和惊恐不安，尤其是玛丽的教导主任迈耶小姐，仿佛和玛丽有仇似的，经常会跟踪、偷听、观察玛丽的言谈举止，动不动就给玛丽上“政治课”以便达到“教育”的目的，而玛丽总会一笑置之。这种不以为然的态度使得这位比玛丽还稍微矮些的老师更加恼火，对玛丽的监管也更加严厉起来。

1881年3月份的一天，俄国沙皇亚历山大二世在彼得堡被民意党刺杀身亡。得知这个消息后，玛丽和好友卡奇雅高兴得又蹦又跳，还大声欢呼“万岁”。这个时候，迈耶立即跳出来大声制止：“快给我停下来，你们两个，玛丽和卡奇雅！你们知道今天是什么日子吗？今天是全俄国人民最悲痛的日子，而你们两个却在这里又蹦又跳，像什么样子？快给我说清楚你们到底在做什么，是什么让你们又蹦又跳的，不然我会让你们家长过来和我好好谈谈！”

面对迈耶老师近似威胁的话语，刚刚情不自禁的喜悦被吓跑了，玛丽一时语塞。而迈耶老师更加凶狠地说：“快说啊！给我一个合理的解释。卡奇雅，你先说！”

卡奇雅已经想好了对策，立即说："我们只是有些脚痒，所以才想跳一跳，难道不行么？"

迈耶严厉地说："脚痒？在今天这样严肃沉痛的日子里，你居然会突然脚痒？全俄罗斯沙皇陛下逝世，你们应该感到无比沉痛！你们想想，要不是有俄罗斯皇帝陛下的恩泽，你们会有这样安稳、和平的生活吗？你们能坐在这里安心学习？好了，我只说这些，现在，你们也不用继续上课了，回家去吧，把今天的事情和你们的家长说清楚，等待学校的进一步处罚通知。"

迈耶老师的最后一句话给玛丽带来了不安，她清楚地记得七八年前由于父亲对当局的一些不满而造成了全家生活的剧烈变化，如果这次因为自己的过失而使父亲和家人遇到什么麻烦，那她该怎样去面对自己的父亲啊！

玛丽一边在书房焦急地等待着父亲的归来，一边小声嘀咕着，神情紧张。终于等到父亲的归来，玛丽一下扑到父亲怀里痛哭起来，这个小女孩已经被吓坏了。

"爸爸，对不起。我不应该……"

玛丽的父亲耐心而慈祥地听着女儿的陈述，明白了事情的来龙去脉，这个慈祥的父亲轻轻拍了拍玛丽的头，理解地说道："玛丽，没什么的，这不表示你被勒令退学了。但是，我的女儿，作为一名优秀的波兰女孩，对任何一个人的死亡而欢快舞蹈都是不好的。这样轻率的事情以后不要做了。另外，想要成为一个受人尊敬和爱戴的人，光有才学是不行的，还要有优雅的举止和良好的教养。好了，明天早上和卡奇雅一起去上学吧。"

玛丽的父亲是理解玛丽的，但是他也明白在这样的情况下，自己不能鼓励玛丽继续做那样危险的事，因为保护自己是前提，作为一个父亲，他希望自己的女儿首先能过快乐幸福的日子。

玛丽擦了擦眼泪，低声回答："知道了，爸爸。"

当然玛丽的学校生活并不是一味的灰暗，其中也有许多欢乐的时光，给玛丽印象特别深刻的是年轻的数学老师格拉斯先生和教授自然科学的罗萨尔斯基先生。这两位都是波兰人，除了教书认真之外，最吸引孩子们的是他们常常会讲一些含义深刻的话，也会巧妙地介绍一些波兰先人的卓越成就以及对人类的贡献，显示出对自己祖国的热爱之情。

在后来给卡奇雅的信中，玛丽说了自己当时的一些感受："你知道……虽然有这一切，我还是喜欢这个中学的。也许你要讥笑我，但我仍然要说我喜欢它，甚至很喜欢它，现在我已经意识到这一点了。你不要以为我非要有它不可，啊，不，一点也不……只是在我想到就要回到那里去的时候，并不觉得难过；想到还要在里面过两年，也不像我以前那样觉得那样可怕，那样痛苦，那样漫长了……"

当然，如果非说那个学校在玛丽记忆里留下的最痛苦的事情，莫过于那个可怕阴险的教导主任迈耶了，有一次玛丽和伙伴卡奇雅聊天的时候说道："你知道她为什么总是穿那双不出声的软底鞋吗？"

"为什么？还不是为了监视我们——简直就是一个密探！你想啊，她要监视别人，还要在别人不注意的时候突然走到她身边，这真是恶心！”

“哼！像迈耶那样的人可不止一个！这哪里像是在读书啊，简直是让我们来坐牢的！”

“是啊，是啊。”

她们俩一边走一边聊天。

“哎哟！糟了，我差点忘记了……”

“哎！什么啊？……”

玛丽拉着卡奇雅的手，一路小跑，来到一个雕像前，狠狠吐了一口唾沫。

华沙素有“世界绿都”的美称，它坐落于波兰中东部的维斯瓦河西岸。

最吸引玛丽的是那许许多多的博物馆和纪念碑，其中最让她喜欢的还是波兰科学院前面的那个哥白尼纪念碑。这座纪念碑是华沙市民1830年捐资建造的，在碑座侧面雕刻着“献给尼古拉·哥白尼——你们的同胞”。哥白尼的雕像端坐在正方形的碑座上，一手拿着地球仪，一手拿着指南针，在静静思考着。每当玛丽看见哥白尼沉思的模样，内心就禁不住激动起来。这是写出了《天体运行论》这本具有划时代意义的著作的伟大科学家，同时也是波兰人的骄傲。

当然有喜爱就会有厌恶的，最让玛丽厌恶的就是萨克斯宫前萨克斯广场上的一块修建得十分壮观的方尖石碑，四周有四个小石狮子，而在碑正面上书写着“献给效忠于皇帝陛下的波兰人”。这是沙皇为那些出卖自己祖国的卖国贼和奸细修建的，以“表彰”他们的贡献。玛丽和卡奇雅每次经过这个地方都会朝这座碑狠狠吐口唾沫，今天她俩聊得兴起，差点就忘记了。

1883年6月12日，玛丽高中毕业了。和哥哥约瑟夫、姐姐布洛尼亚一样，她成绩优异，给家里带来了第三枚金质奖章。斯可罗多夫斯基先生自然十分高兴，他带着激动的心情参加了小女儿的毕业典礼。当穿着黑礼服的玛丽出现在高台上领取毕业证书和奖章的时候，斯可罗多夫斯基先生更加激动，眼角都湿润了，仿佛这些年的煎熬都值得了。典礼结束，玛丽挽着父亲的胳臂离开时，她的心里既高兴又伤感，就在这种五味杂陈的心情中，她和好友一一道别，然后就回到了家。

虽然高中毕业了，但是玛丽还不满16岁，这样的年纪显然不适合工作，何况玛丽本来就身体单薄，玛丽的父亲也不忍心现在就让玛丽去工作。如果不去工作，那就只有继续上学深造了，可这显然不是一件容易的事情，因为二姐布洛尼亚因为没钱去巴黎留学还留在家里呢，此时的玛丽又怎么会有钱去继续深造呢。

思来想去，斯可罗多夫斯基先生找到了自己的小女儿，决定和女儿好好谈一谈未来。

“玛丽，高中毕业了，你也算是大人了。按说你应该去找份工作，可是，上帝啊，你身体也太瘦弱了，我很担心你会受不了那样的痛苦。所以呢，我准备让你在家里待一段时间再说，还是你有自己的打算呢？”

“爸爸，我……我想听您的意见。”玛丽差点就说出“我还想上学”的话来。

“我想，要不你去乡下住一段时间，一边养好你的身体，一边好好思考今后的打算，如何？”

“好的，爸爸。”玛丽很清楚家里的情况，虽然有些不甘心，但是她还是很乖巧地顺从了父亲的意思。就这样高中毕业玛丽在家里住了几天之后就搬到乡下的一个亲戚家，开始了一段难忘的乡村生活，这段经历对她日后的影响特别深刻。她在日后的一年多时间里，除了和伙伴们四处游玩外，还和几个女伴去山里逛逛，在山顶用波兰语大声歌唱，大声呼喊。在这期间，她还学会了骑马，在草地上自由驰骋，风从脸上轻轻拂过，竟然是那么的舒服。总之，这是一段比学校更加舒服自由的快乐时光。

2. 憧憬美好未来

1984年9月间，玛丽开始启程返回华沙，结束了令她眼花缭乱的长达14个月的漫游。她回到她家最近新搬的住房，她甚至都不清楚这是第几次搬家了。这所房子坐落在她学习过的中学旁边，这使她还小小地激动了一会儿。

玛丽·斯可罗多夫斯基回到华沙之后不久，就结交了一些热心的“实证论者”。有一位叫皮亚塞茨卡的小姐，对玛丽的影响很大。那是一位二十六七岁的中学教师，拥有一头金栗色的头发，长得很瘦而且很丑，可是却很讨人喜欢。她钟情于一个叫诺普林的因为政治活动而新近被大学开除的大学生。这个女教师对于近代学说充满着强烈的兴趣。

玛丽原本就很乖巧，胆子也很小，开始还存有一点怀疑，但后来被她朋友的大胆意见征服了。于是她和姐姐布洛尼亚、海拉以及同伴玛利亚·拉可夫斯卡，一起参加了“流动大学”的定期聚会，说是聚会，其实更像是一种夜校。有一些仁厚的教师给大家讲解解剖学、博物学、社会学，为那些想提高自己文化知识水平的青年讲授。这些功课都是秘密教授的，有时候在皮亚塞茨卡小姐家里，有时候在别的私人住宅里，这些学生每次只有八九个人聚在一起听课、记笔记、传阅小册子和论文。哪怕是听见外面极小的声音，他们中都会有人情不自禁地颤抖起来，因为在这样言论极不自由的情形下若被警察发觉，他们就免不了在监狱待上很久。

流动大学的任务，不只是补足这些从中学出来的少年的教育，而且需要这些学生听讲之后继续从事教学工作，去给更多的人传授知识。

玛丽受到玻亚塞茨卡小姐的鼓励，决定去教平民妇女一些实用的知识。

她在一个缝纫工厂为女工们朗读各种著作，并且一本本地搜集波兰文写成的书本，聚成一个小小的图书馆，供这些女工们使用。这在很大程度上为这些曾经只知道为生计奔波的女工提供了学习和接近文学等知识的机会，在精神上给予她们现实生活不能给予的希望和追求，熏陶她们的情趣，丰富了她们原本贫瘠的精神生活。玛丽的努力使生活在社会底层的工人们了解了国家，知晓了知识，成为了有思想有能力的新式女人。

谁能想象得到这个17岁的青年女子的热忱有多大？她的童年是在崇拜神秘物品——她父亲的物理仪器中度过的。在科学“时兴”以前，斯可罗多夫斯基先生已经把他对于科学的强烈好奇心传染给了她。但是那个世界还不能满足玛丽的需要，她进入了其他知识的世界，她需要认识奥古斯特·孔德，也要研究社会的进化演变。玛丽不只是梦想学数学和化学，她还要改革既定的社会秩序，要启发广大人民群众，让更多人能明白自己所受到的不公正待遇的真正原因，她以自己先进的思想和宽厚的灵魂来述说这一切，她已然是一位社会主义工作者，但是她并没有加入华沙市的社会主义学生团体。她深切地热爱波兰，强烈的爱国心告诉她能为祖国效力比其他什么都重要。她把自己的民族意识、人道主义思想和在智力发展方面的失望，都掺杂在这样一种兴奋的心情之中了。

当时她还不知道她需要对这些梦想付出多少代价。这个“解放了的女孩”为了表明自己的坚决立场，把她那极美的金栗色头发差不多齐根剪去后，却在照镜子的时候黯然神伤。

玛尼雅和玻亚赛茨卡这个“实证的理想主义者”在一起，用许多时间试图对自己的前途做出一个比较详细明了的计划。可不幸的是阿斯尼克和勃兰戴斯都不能提供给她们一些有价值的意见，在当时的情形下怎么能在一个没有任何大学招收女生的城市里获得高深学问；也没有办法提供给她们任何赚钱秘方，不能够使得玛丽仅仅靠教半卢布一小时的课就能很快地积蓄一笔财产，以支付留学的费用。天生慷慨的玛丽开始对自己的前途担忧起来，这个原本是家中最小的孩子，却觉得对大于自己的人的前途负有责任的同时也应该对自己负责。

当然哥哥约瑟夫和姐姐海拉如今不需要她担心了，那个青年男子即将成为医生，那个美丽而且性情热烈的女孩正在为是要做教授还是做歌唱家而迟疑不决，她一面尽力地歌唱，一面获得文凭，同时还拒绝了所有的求婚。

玛丽生性考虑别人的事多于自己的事，二姐布洛尼亚很明显的焦虑和沮丧，成了她最大的忧虑。她甚至暂时忘了自己的抱负，忘了自己曾那么迷恋的那个希望之乡，忘了曾梦想着自己走一千公里路到索尔本去，以满足自己的求知欲，然后带着全部的行李回到华沙，谦虚地从事教学工作。

她之所以如此关心布洛尼亚的事业，不仅是因为一种血统的联系，还因为这个二姐曾一度对自己有着母亲般的关怀，自己缺少的母爱从二姐那里获得不少慰藉。在这个很团结的家庭中，这两姐妹的关系是最亲近的。她们的天性也是相得益彰的，姐姐的才识和处世经验令玛丽深深折服，所以日常生活的小问题她都会和姐姐商量。

有一次在与约瑟夫、海拉讨论青年人应该怎样做才能为复兴波兰做出自己的贡献时，玛丽认真思索了一会儿说：“……我不认为参加运动是最好的方式，刚刚进入社会，自己闯一闯就会懂的。我认为更重要的是我需要对科学、数学、文学等各方面的知识都了解一些，如果有了真正的知识，在关键的时候，就会做出正确的判断……”

正是因为有了这次的交流，布洛尼亚经过一夜苦苦的思考，毅然对玛丽说出了自己想去巴黎深造的打算。玛丽不解地问：“你怎么会突然想起这件事情来呢？”

“怎么会是突然呢？这件事我想了很久，和父亲也谈过一次，我想我还是可以走得下去的。妹妹，这是我们女孩子的一条出路！”

“出路？可是……我的姐姐，你有没有想过，那是一大笔钱啊，你已经存了多少呢？能在巴黎住多久呢？”

“除去旅行费外，还可以生活一年吧。可是，可是……念完医科大学得五年的时间！还是差很多的……”

看着姐姐伤心失落的模样，玛丽心中忽然生出一种勇气来，她说：“我有办法实现我们俩的梦想！”

“呃？怎么可能？”

“听我说，布洛尼亚。听我说，你到巴黎的第一年就用你自己的存款吧，但是从第二年开始，我就会想办法寄钱给你，父亲也会的……”

“可是，妹妹，你怎么会有钱呢？”

“我现在当然没有，但是，如果我到乡下找一个包吃住的家庭教师做，那样就可以得到大概一年400左右的卢布，我都寄给你。这样你就可以慢慢念完大学了，以后你也可以帮助我了。”

“哦，妹妹！谢谢你！你真是太好了……”

1885年9月的一天早晨，这个沉默寡言的青年女子，在一个职业介绍所的前厅里静静等待着：她穿了一件最朴素的衣服，在褪色的帽子底下，她那留了几个月的金色头发被发卡扣得紧紧地。女教师必须端庄、稳重，女教师是不能留短头发的，外表要像平常人一样。

玛丽在1885年12月10日写给她表姐亨利埃特·米哈洛夫斯卡的信中说："亲爱的亨利埃特，我们分手之后，我过得简直就是犯人一般的生活。你已经知道，我是找着了一份工作，在律师B家里当家庭教师。连我最恨的仇人我都不愿意让他住在这样的地狱里！结果可想而知，我和那个B夫人的关系十分冷淡，我再也不能忍受下去，我就对她直接说明了。因为她对我也正如我对她一样的'亲热'，所以我们彼此都了解这些情况。"

由于玛丽周围的朋友同事个个都才能非凡，工作勤快，而她的三个兄弟姐妹都是拿到了文凭和奖章的青年，他们都聪明，而且灵活敏捷，热心工作，所以未来的玛丽·居里此时并不显得格外出色，她自身的光华与那些人相比，显得有些平淡。在一个有限的范围中，惊人的天赋能很快就表现出来，并且赢得周围人的惊讶和称赞。可是在这一家，约瑟夫、布洛尼亚、海拉、玛丽一起长大，相互竞争，他们都有很强的知识和能力储备，当然那时还没人能从这些孩子中间的某一个人身上，看出伟大人物的征兆，也没有人被玛丽那初现的光辉所震惊。所以没有人会想到这个叫玛丽的姑娘的本质会和她的哥哥姐姐们有所不同，就连她自己也从来没有想过能够最终超越自己的兄弟姐妹而获得不朽的成就。

每当她把自己与家里的兄弟姐妹作比较的时候，她都谦逊得几乎近于卑屈，觉得自己没有比他们更加优秀的地方，反而有更多的不足之处。但是在她的新角色把她带入一个资产阶级家庭以后，她的优越性才彻底爆发了出来，令人惊讶。

1886年元旦，玛丽在严寒中起程，这一天是她一生中最重要的日子之一。她勇敢地向父亲提出告辞，又去普沙兹尼西附近的Z先生家当家庭教师。

然而敢和父亲当面争吵的她上了火车后，忽然间，一种莫名的孤寂感涌上心头，令她感到有些无法诉说的苦楚。

这个18岁的女孩，坐在笨重嘈杂的火车里，想到今后要面对许多未知的生活，不知道自己能否在普沙兹尼安稳生活下去，这时她突然恐慌起来。假如这个新雇主还和从前那些雇主一样，她该怎么办？若是在她走了之后父亲患病了，那可怎么办才好？她还能不能再见到父亲了？她是不是做了一件十分愚蠢的事情？十个、二十个、一百个令人痛苦的问题袭击着这个少女。她紧靠车窗，冬季的寒冷冻得她双手冰凉，她忍受着痛苦，刚用手擦干眼泪，眼泪就又忍不住流了出来。

1886年12月，她给亨利艾特的信中痛苦地写道：“你问我前途计划吗？我没有计划，或者说我的计划太普通太简单了，根本不值一提。我是得过且过，到了实在无法过的时候，我就向这个世界告别。这个损失想必很小，而人们惋惜我的时间也一定不长，和惋惜许多的别人是一样的……这真是我唯一的计划，有人认为我无论如何都会经历那种叫恋爱的寒热症，这完全不在我的计划之内。如果说我之前有过少年梦，有过计划的话，现在也烟消云散了。我已把它们埋葬、禁锢、封闭和遗忘了。你知道的，如果用头去撞石头，石头当然要比头更坚不可摧……"

Z先生是一位著名的农学家，精通新技术，管理着200公顷甜菜的种植，还拥有一个制糖厂的大部分股票。

和其他资本家一样，Z先生一家人最关心的事就是工厂，注重的是怎么利用自己手上的资源来获得最大的利润。

玛丽靠着窗户的时候默默地想："罢了！我的运气也许不算坏！虽然工厂确实是不好看，可也正因为它的存在才使得这个地方比一般的小镇更加活跃热闹，时常有人从华沙来，也有人到华沙去。制糖厂里有一个专门给工程师和管理员预备的小住所，值得欣慰的是自己可以到那里去借阅杂志和书籍。Z夫人脾气不太好，但是她并不是一个坏女人。她对待女教师不甚苛求，那无疑是因为她自己也当过女教师，而且她的好运气来得较快。她的大女儿是一个天使，非常可爱，别的孩子也都还好，至少我不至于忍受不了。哦，我应该认为自己的运气不坏！"

一个孤独的年轻女教师可以写很多信，只求有回信，信里有城里的消息，有她关心的人和事，有她关注的内容，令她担忧的、令她开心的都有。她写信给她的父亲，给约瑟夫，给海拉，给亲爱的布洛尼亚，她写信给中学的同学卡奇雅·普希波罗夫斯卡，她也写信给表姐亨利埃特。亨利埃特已经结婚，住在利沃夫，仍是一个激烈的"实证论者"。她和这些自己关心的人保持着联系，同时也对自己的闺蜜坦率地倾诉自己多虑的思想、自己的失望和希望，希望能够获得一些帮助，哪怕只是语言上的安慰也好。这时候的玛丽显得有些颓丧，显然进入社会不久的玛丽很快就发现了理想与现实的差距，面对现实偶尔会发现自己的卑微与弱小，这让她感到痛苦。

1887年3月9日，就在玛丽冒出自杀念头的3个多月之后，她在给约瑟夫的信中写道："我想如果能够借到几百卢布，你就可以留在华沙，而不必在外省把自己埋葬掉……在小地方工作……会把自己埋葬在穷乡僻壤，做不出什么成就来……如果你到了那种地步，我一定会十分痛苦，因为我现在已经不再希望我有一天能成为一个人物，我的全部希望都转到你和布洛尼亚的身上了……我对自己的惋惜越深，对你们的期盼就越大……"

每天，这位青年女子在泥泞的道路上行走都会遇到一些农民，一些衣衫褴褛的孩子，在他们那发黄的松树叶似的头发下面，都是一张张淳朴的脸，忽然她想出一个计划来。

"我为什么不在斯茨初基这个极小的天地里实行我认为宝贵的进步思想观点呢？我梦想过要'启发群众'，这真是一个极好的机会！"村里的儿童基本都不识字，进过学校的人真是少极了，即使是进了学校的儿童也只学会了俄文字母。若是秘密设波兰文课，使这些幼稚的头脑觉悟到自己民族语言和民族历史的美好，那她就不愧对那些辛苦给自己补课的老师们了。

她把这些想法告诉了Z小姐，Z小姐立刻赞成，并决定帮助她。

玛丽为了使她的热情冷静下来，对她说："可是你还是好好想一想吧，这事若是被人告发了，我们都会被放逐到西伯利亚去！"

但是民族的归属感与自尊心是强烈的，玛丽从自己的眼睛里看到了热忱和决心。只要得到那些孩子家长的允许，就可以在那些茅屋里开始谨慎地宣传只属于波兰的东西了。随后玛丽终于如愿以偿地得到了她的第一个学生，经过短暂的计划，她开始了自己的伟大教学旅程。

玛丽·斯可罗多夫斯基最大的希望是能到法国去求学，因为这在国内几乎已经是不可能的事情了。法国的声誉使她着迷。法国珍视自由，法国尊重一切情操和信仰，无论这些人是来自什么地方，这个国家欢迎所有不幸的和受迫害的人。但是这件事并不容易，玛丽需要为此做出更多的努力才能完成这个心愿。而在这之前她却遇到了一件大事，因为她很快地陷入了情感的泥潭。

Z先生和夫人的长子卡西米尔，每年从华沙回到斯莰初基来度假，在经过几次长假之后，这位少爷忽然发现家里的那个家庭女教师舞跳得极好，还能划船，会滑冰，并且聪明娴雅，这是一个与他认识的所有青年女子都完全不同的女子。

只是经过三年左右的时间，他就已经爱上了她。而在革命观念底下藏着一颗容易感动的心的玛丽，也爱上了这位很漂亮而且不讨厌的年轻人。此时的玛丽还不到19岁，他也只比她大了一点点，疯狂的热恋让他们为自己的将来做了许多的打算，连结婚的场地都想好了。

仿佛幸福已经悄悄降临了，玛丽在心爱的人的陪伴下也过得十分充实快乐。

3. 全新的起跑线

幸福快乐的时光仿佛永远都来得很短暂，玛丽很快就发现通向自己理想幸福的阻碍是什么了。

玛丽在斯茨初基不过是孩子们的女教师，但是所有的人都对她很亲切，似乎已经把她当成了本地人。Z先生和她一起在田野里做长途散步，Z夫人爱护她，布朗卡崇拜她。Z家的人对她特别友善，他们有好几次邀请她的父亲、哥哥、奶奶到这个小镇游玩。在她过生日的时候，这家人还特地送了她一些鲜花。

因此卡西米尔觉得这个未来媳妇肯定能够得到大家的认可，他很有把握地去问他的父母是否赞成他和玛丽的婚事。但这一次，他捅了一个大娄子，父亲大发脾气，母亲几乎晕过去。这家人根本无法接受这样的事情。简直太不可思议了，虽然他们并不觉得玛丽是个坏女孩，但是他们很清楚玛丽的身份以及她的家庭。

卡西米尔，他们这家的孩子，竟会选中了一个一文不名的女子，选中了一个不得不“在别人家里”做事的女子。他很容易能娶到当地门第最好而且最有钱的女子。他疯了么？这个一向将玛丽当作自家人一样的家庭终于暴露出了这个社会上层人家的心态来了。

玛丽不能做出离开Z家的决定，这不仅仅是因为她对卡西米尔的爱使她无法自拔，她最怕的是使她的父亲不安，而且玛丽和她的父亲供给布洛尼亚在医学院求学需要一大笔钱，她每月给姐姐寄15卢布，有时寄20卢布，这差不多是她的工资的一半。到什么地方还能找到这样的待遇呢？

她没有与Z家的人直接解释，没有痛苦激烈的争论，那么不如忍受这次屈辱，留在斯茨初基，好像不曾发生任何事一样。

初恋的不幸，美好梦想的失望，物质情况的极其困难，玛丽试图忘记自己的不幸，忘记自己永远陷进去的这个泥潭。她在面对自己家人的时候，不是请求他们帮助，更不是向他们诉苦。在每一封信里她都答应给予家里足够的帮助。她只希望家里人都能过上很好的生活。

初恋的不幸对玛丽的打击很大，直到1887年12月，她依然情绪低落，她给亨利艾特的信上写道："我的前途计划很有限：我只梦想着可以有一个专属于我的角落，能和我的父亲住在一起……因此，万一可能，我要离开这儿——还要过些时候才办得到——住到华沙去，在一个寄宿学校当教师。这就算是我的全部希望了。人生也不过如此，不值得过分担忧。"

斯可罗多夫斯基先生拿到养老金之后，并没有闲下来，而是开始设法找寻报酬高的职务，他想尽一切可能地帮助他的女儿们。1888年4月，他接受了一个既讨厌又麻烦的职位：管理离华沙不远的斯图德西尼茨的一个儿童感化院。那里的空气和环境都很差劲，什么都不好，只是工资比较高，所以这个老人还是愉快地去做了，这样他每个月可以拿出一部分月薪，供给布洛尼亚求学。

布洛尼亚知道父亲找了另一个工作后，做的第一件事就是嘱咐玛丽不要再寄钱给她。第二件事是请她的父亲此后从每月寄去的40卢布中留下8卢布，用来一点一点地归还她妹妹寄给她的那笔钱。从这时候起，玛丽的财产才由零开始增加。正在医科大学努力的布洛尼亚给玛丽写信，从巴黎带来了一个好消息：她正在工作，她的考试很成功，而且她正在恋爱！她爱上了一个波兰人，叫做卡西密卡·德卢斯基，是她的同学，人很好，讨人喜欢，唯一的缺憾就是他无法住在俄属波兰，倘若他从国外回来，政府就会放逐他。看来他们可能会在国外待很久了。

玛丽在斯茨初基的工作，到1889年年底也宣布结束了，从圣诞节起Z家就不用她了，她必须另找一份工作。很快，这个年轻的家庭女教师就接到了一个邀请，华沙大实业家之一的F请她去。这总算是一种改变，而玛丽是如此迫切地需要这样的改变。

玛丽在他们家过得很好，这是她从未经历过的奢侈生活。F夫人很优待她，所以这种接触并不讨厌，F夫人被这个“非凡的斯可罗多夫斯卡小姐”迷住了，到处称赞她，并且要她参加所有的茶会和舞会。

但是不久，玛丽收到了布洛尼亚的来信：“亲爱的玛丽，多亏你，我才能在这片自由的天地里学习。我真是一个幸运儿，也十分感谢你……你以后一定要来这个国家，那时我来出学费。我很期待那一天能早早到来……”

姐姐希望她能去自己的家里做客，不过由于资金问题，玛丽还是决定在F家继续工作，等存储了足够的资金再去姐姐那里。

一天夜里很晚的时候，玛丽疲惫地离开静电计、试管和精密天平，回到家里，脱去衣服，在她的窄床上躺下，但是她不能入睡。一种激动人心的兴奋使她睡不着，这种感觉是她从来不曾有过的，她长久以来不明确的使命，现在就像受到一种神秘的力量驱使那样呈现出来。这个青年女子突然感觉到迫不及待，感到不安和烦扰。玛丽把“工农业博物馆”的试管拿在她那美丽的巧手里的时候，就神奇地又回到她童年时期的依稀的回忆中了：想到她父亲的那些物理仪器，那些总放在玻璃匣里不动，而她总想拿来玩的东西。她已经重新结牢了自己的生命之线。

玛丽在时间的流逝中，渐渐摆脱了初恋失败的阴影，她在一封给好友的信中写道：“说到我，我很愉快，并且时常用欢笑来掩饰我的不快。我早就学会了，我发现若是一个人对于事物的感觉像我这样敏锐，但又不能改变性格中的这种倾向，就至少应该想方设法去掩饰。可是你想，这种办法有什么效果，有什么好处呢？一点都没有！我的活泼性格使我经常发脾气，于是先说一些以后要后悔的话，然后再以更大的热情和精力去后悔不应该那样说……我过了一段很困难的日子，唯一能安慰我的只有回忆，无论怎样困难，我还是勉强应付过来了，而且是昂首挺胸的……卡奇雅，也许你会说我变得多愁善感，但是不用担心，我不会陷入那种和我性格不相符的境遇中，只不过最近我有些神经过敏而已……”

1891年9月，玛丽在喀尔巴阡山的察科巴纳度假，她要在那里与卡西米尔会面。在察科巴纳，两个青年人在山中的两次散步中，已经进行了决定性的交谈，这一次他们决定分开。因为玛丽已经对这个唠叨的满心疑惑的家伙产生了极度的厌烦情绪。

1891年9月23日，玛丽由华沙向布洛尼亚写信，说自己的精神出现了一些问题，希望能去巴黎做一些治疗。

不久，被褥已经运走，箱子已经托运，这个旅行者还剩下一些各式各样的粗重包裹，这是她在路上的伴侣：在火车上的食物和饮料、坐德国火车时要用的折椅、书籍、一袋糖果和一条毯子。

玛丽终于到达了浓烟弥漫的巴黎火车站，长途旅行的压抑感也立马消散了，她的肩膀舒展了，心脏和肺叶都觉得舒服，终于呼吸到自由国度的气息，这对她来说还是头一次。

玛丽很兴奋，她觉得这个地方的每一件事都是那么新奇：在人行道上逍遥散步的人们能用他们愿意用的语言说话，是稀奇事；书店能不受限制地卖世界各地的书籍，也是稀奇事；而最稀奇的是那些微微斜向市中心的平直大路引着她，走向一所敞开大门的大学。

这是一所多么著名的大学啊！这所最著名的大学，几个世纪以前人们就把它形容为“宇宙的缩影”，路德说过：“最著名、最杰出的学校是在巴黎，它叫做索尔本！”

玛丽一路上心情激荡，她坐在一辆破旧的马车上，缓缓驶向布洛尼亚的家。

这辆四轮马车走过塞纳河，周围的东西都能让玛丽心醉。走上圣米雪尔大道的时候，马车放慢了速度，缓缓前进着。就是那里！到了！这个女学生拿起她的皮包，提起她那沉重的毛料裙子的裙褶，从车里急急走下来，到了街上，脸色紧张，向那座宫殿的铁栅栏跑去。

在1891年的时候，这座知识殿堂的样子很特别，六年以来索尔本一直在改建。在那很长的、颜色很白的新正面后边，邻近黎塞留时代的老朽建筑的工地上，不断传出鹤嘴锄的撞击声。在工程进行中，学生由一个教室移到另一个教室上课；在圣雅克弃置的旧屋里，不得不设了几个临时实验室。

这个青年女子，用她一卢布一卢布积攒起来的一点积蓄，获得了听课的权利。她可以由布告上的复杂时间表里列着的无数课程中，选她愿意听的课。很快她在那些“实验室”里有了自己的位置，那里有专门的老师指导，她可以不必盲目摸索着运用各种仪器做简单的试验了，也就节省下了许多时间。

玛丽现在是理学院的学生了。

事实上，这个时候是不能称呼她为“玛丽”或者“玛利亚”的，她在入学注册单上是用法文写的玛丽·斯可罗多夫斯基。但是她的同学基本都不会说“斯可罗多夫斯基”这个特别难说的名字，而这个波兰女子又不肯让人随便叫她玛丽，以至于渐渐地很多人都不知道她叫什么了，大家在背后会称她为长头发姑娘。

在很长的时间里，索尔本的学生们，只认识这个不与人交往的同学的金色头发和斯拉夫式的头。此刻，这位青年女子对这些青年男子不感兴趣，自从她的初恋失败之后，她仿佛对异性看淡了许多。

但是很快她被几个严肃的先生迷住了，这些人的头衔是“最高学府的教授”，当然她不是因为这些人的性别或者长相才对他们密切关注，而是要夺取他们的秘密，了解更多科学的奥秘。依照那个时代的规矩，他们上课都打白领带、穿黑礼服，衣服上总带着粉笔灰。玛丽就每天看着这些庄重的衣服和灰色胡须过日子。

李普曼先生的课，极有分量，极有条理，层层递进，引人入胜。而李普曼先生也发现了这个特别的女孩，她总是坐在第一排，听课十分认真仔细。李普曼先生也觉得这是一位学习认真勤奋的好学生，但是他没有想到的是，这个不爱说话的波兰学生竟会比他还早了3年获得诺贝尔奖。

布提先生光洁的额头后面装满了科学的宝藏。玛丽愿意听所有的课程，愿意认识在那张白纸布告上公布的23位教授。她觉得学到的这些似乎永远满足不了她心里的焦渴。

而在开始几个星期里，她遇到了一些从没料到的障碍。她认为自己精通法文，但是很快她发现她错了，常有整段句子因为语速快而听不清楚；她认为自己受过充分的科学教育，能够轻易地跟上大学的课程，但是她在“普沙兹尼士附近斯茨初基”那个乡下地方独自进行的研究，与斯可罗多夫斯基先生通信得来的知识，在“工农业博物馆”里碰运气做的实验，都不能代替巴黎中学毕业生的扎实的基础教育，玛丽发现她在数学和物理学知识上有着极大的缺陷。为了要得到她时时刻刻记挂着的理学士的华贵头衔，她必须努力用功。这样一来，玛丽就将自己的绝大部分时间花在学习科学知识上，几乎除了休息就没有其他空闲时间了。

这一天是保罗·阿佩尔在讲课，他讲解得很详尽很清楚，观点也很特别，很能吸引人的注意力。玛丽到得很早，她总会在多余的一点点时间里漫无目的地思考许许多多的事情，怎么会有人觉得科学枯燥无味呢？还有什么东西比支配宇宙的不变定律更醉人呢？还有什么东西比发现这些定律的人类智慧更奇妙呢?

这个青年女子的灵魂中涌现出一种冲动，她要向那无穷无尽的知识前进，要向物质和物质的规律前进，只有爱的感觉能与她这种感觉相媲美，玛丽深切地感受到求知的幸福。

玛丽热烈地抓住新生活为她提供的一切机会。她在学习上俨然有着智者的坚毅，但在社交方面却显得很羞怯，她不敢与法国人结交，只与自己的同胞为伍。

这些贫穷的青年人常会组织聚会和圣诞夜聚餐，一些好心的厨子会给夜宴做华沙菜，还有由一些表演喜剧和正剧的业余演员的戏剧表演。这些晚会的节目单还是波兰文印的，用具有象征专门意义的图画作装饰。

一次，在雕刻家瓦斯科夫斯基举办的爱国晚会中，玛丽被选为舞台造型剧《波兰打破枷锁》的主角。那天晚上，这个严肃的女学生成了一个没有人认识的女子。她穿了一件老式的衣服，周身垂着民族色彩的长纱，金色头发从她那斯拉夫式坚定的脸庞两边披下来，随意地垂在她的两肩。那些波兰亡命者，在这折纹重叠的石榴布料的衣裳里看见了他们民族的形象。

第三章　结识皮埃尔·居里

1. 初识皮埃尔·居里

玛丽的独行给了她姐夫许多烦恼，在毫无办法之下，他只好给自己的岳父写信告知这些情况：

“亲爱而尊敬的先生：

……我们这里一切都好。玛丽小姐学习很认真，差不多把全部时间都花在索尔本了，我们只有在晚餐的时候才能见面。她是一个独立自主的女孩，虽然您把她交给我照管，给了我这样的权力，但是她对我既不表示尊敬也不表示服从，而且嘲笑我的权威，并把它视如敝屣。我希望能使她明白我这样做的道理，可是一直到现在，我还没有显示出丝毫的教师天赋，不过您也不用担心，我们彼此了解，住在一起还是很和气的……”

在布洛尼亚家的一场紧急家庭会议之后，玛丽要搬到拉丁区去住，那里靠近大学、实验室和图书馆。第二天早晨玛丽就开始找房，去看每一个出租的顶楼。玛丽和她姐夫卡西米尔·德卢斯基的感情就像亲兄妹一样，而玛丽与她姐姐之间的情感就更加亲密了，这种感情终身不变。她离开屠宰场区的住房，觉得很懊恼，这个地方的风景虽然很平庸，房子里却充满了温情、勇敢和善意。

1892年3月，玛丽就这次的搬家事件给哥哥约瑟夫写信解释了一番：“你大概已经从父亲那里得悉，我决定搬到离学校近一点的地方居住，为了几个原因，我不得不搬家，尤其是在这个学期……这间小屋子很适合我，也很便宜。只要花一刻钟我就可以走到化学实验室，20分钟就可以回到索尔本……在那里姐夫经常不断地打扰我，当我从学校回家时，他简直不许我做任何事，只让我陪他聊天。为此，我不得不和他宣战……”

此时，布洛尼亚已经怀孕了，身体很沉重，但仍然亲自捆扎她妹妹少得可怜的行李，然后把它们堆在一辆手推车上，以便短途搬运。之后又亲自陪同妹妹去到拉丁区新租的房子。

这样，玛丽就等于自动放弃了姐姐家供给她的食宿，她不得不自己支付所有的费用。她将她父亲每月给她寄来的40卢布就分成一小笔一小笔来支出。但是在1892年，一个异国女子怎么能够一个月只用40卢布在巴黎过着不太难堪的生活呢？这只能花三个法郎的一天，她必须支付自己的衣、食、住、书籍、纸墨等费用，还得缴纳大学学费。这真是一个大问题。

但玛丽还是很快找到了一个简单的方法。她开始有意地把分心的事都从日程中除去，不参加任何聚会，不与别人接触。她对物质生活没有太高的要求，只要能满足简单的需求就足够了。依据这种原则，她给自己安排了一种斯巴达式的不近人情的简单生活。

福拉特路，柏特华雅大道，佛扬替纳路，所有玛丽住过的屋子都同样便宜，也同样不舒服。屋里没有火，没有灯，没有水。玛丽用她所有的东西布置租来的屋子：一张折叠铁床，上面铺着她由波兰带来的被褥；一个火炉，一张白木桌，一张厨房里用的椅子，一个脸盆；还有一盏煤油灯，上面罩着廉价的灯罩；一个水桶，她用来到楼梯平台的水龙头那里去装水；一个碟子大小的酒精炉，三年里她就用它来做饭；两个碟子，一把刀，一把叉，一个汤匙，一个杯子，一个有柄平底锅；最后是一个开水壶和三个玻璃杯。每当玛丽的姐姐和姐夫来看她的时候，她就会照波兰的规矩，用这三个玻璃杯倒茶。至少她接待姐姐、姐夫的时候还是很勤快欢欣的。

她没有仆人，她没有更多的钱来支付打扫屋子的女工费用，所有事情都靠自己去解决。玛丽不承认自己会冷会饿。她不去烧那装着弯曲烟筒的火炉；在写数字和方程式的时候，她的手指不知不觉地渐渐麻木，两肩也颤动起来。有一碗热汤，有一块肉，她的体力就可以恢复，但是玛丽不会做汤，她只会缝纫。

她不能用一个法郎再费半小时工夫去做肉片，她差不多没有进过肉铺，更不用说饭馆，那简直太贵了。一连几个星期，她只吃抹了黄油的面包，喝茶，当她想打一次牙祭的时候，就到拉丁区的一家小饭店去吃两个鸡蛋，要不然就买一块巧克力糖，或者一个水果。

这种饮食方式使几个月前气色还很好的玛丽很快就患了贫血症。她时常从书桌前一站起来就头晕，刚刚走到床前躺下就不省人事了。她觉得自己有病，但是她对于疾病和对别的事情一样，极为轻视。而她一点没有想到的是她所谓的病不过是因为饥饿。

她自己没有注意到这个问题，自然也就不会和自己的姐姐、姐夫说起，每次她去看他们，他们问起她烹调手艺进步如何，以及她每天的食谱时，她总是支支吾吾应付一下。若是她的姐夫说她气色不好，她总坚持说是因为用功过度——事实上，她也确实认为这是唯一使她疲倦的原因。然后，用一个表示没关系的手势，就开始和她的外甥女玩闹起来，这是布洛尼亚的女儿，她很喜爱这个小孩。

可是有一天，玛丽在一个同伴面前晕倒了，那个同伴立即跑去她姐夫所在的医院里。当她姐夫为她体检后，尤其是在她房间里注意察看了那干净的碟子和空的平底锅，并且在屋子里只找到了一种食物——一小包茶叶后，他就变了脸色。

最后玛丽不得不说实话了：从前一天晚上起，她只啃了一把小萝卜和半磅樱桃。她用功到清晨三点钟，睡了四小时，就到索尔本去了。她回到家里，吃完剩下的小萝卜，然后就晕过去了。

20分钟后，玛丽一口一口地咽下卡西米尔给她预备的药后吃了一大块带血的烤牛肉和一盘油煎的脆马铃薯。不一会儿，好像奇迹一般，她的脸上慢慢有了血色。几天工夫，因为吃得好，被照顾得好，玛丽经过适当治疗，体力就恢复了。然后她牵挂着快要到来的期末考试，坚决又回到了楼顶，并答应他们说自己以后会多多注意的。

可是，第二天她又开始继续那种简单的生活了。

她在这段时间里读过哪些书呢？在她给亨利艾特的一封信中这样写道："我必须做的事很多，有些天我得从8点到11点半，从2点到3点半，总是忙个不停……到晚上9点，如果没有意外的话，我就会专心看我的书，并且做我自己的工作……我养成了每天早上6点起床的习惯，希望多一点时间可以来学习……现在我同时读好几种书：（一）丹东尼尔的《物理学》，已经看完了第一卷；（二）斯宾塞的《社会学》，完全是法语写的；（三）保罗 · 伯特的解剖学及生理学教程，是俄语版本的。这样做是因为专门研究一种东西会很快让我的头脑感到疲倦，真的很辛苦。如果在读书的时候觉得我不能完全从书本里获得有用的东西时，我就会试着做些数学和几何题，这些是要专心才能够做好的，这样就会使我的思维回到正路去……”

在玛丽自己看来，一个学士学位是不够的。她决定考两个学位：一个物理学学位，一个数学学位。她之前制定的低要求的计划渐渐丰满起来，其速度快得她都没时间、更没有胆量向斯可罗多夫斯基先生透露。她只知道自己应该朝着一个方向努力，因为之前的经历已经明确告诉她一个简单的道理：求学不易。“这会是一个崭新的我！”玛丽心里这么想的。

自从1892年，她在父亲和姐姐的帮助下，实现了去巴黎求学的愿望，来到巴黎大学理学院之后，她决心学习更多以前无法学到的新知识，她非常发奋地学习，坚持晚睡早起。她每天早早地来到教室，挑一个离讲台最近的、视角最好的座位，那样才能听清楚教授所讲的全部内容。她一心扑在学习上，虽然清贫艰苦的生活日益削弱她的体质，但丰富的知识使她的心灵日趋充实。

虽然玛丽不爱交际，甚至尽可能远离交际，但她每天不免要遇到一些人。在索尔本，外国女子是受人们关注的。这些外来的贫苦女子个个智力非凡，成绩优异，她们从遥远的地方来到这个被称为“学问的奶娘”的大学来，自然更能获得人们的同情与关爱。玛丽发现她的同伴大多数都是“苦学的人”，他们也很尊重她，而且都认为玛丽很漂亮，因为她的朋友迪金斯卡小姐有一天甚至于强行要用她的伞挡开那些围着这个女学生的过于殷勤的爱慕者！迪金斯卡小姐是一个很热情开朗的女子，自告奋勇地充当起护花使者这个角色。

玛丽很愿意让迪金斯卡小姐去挡住那些她不感兴趣的接近者，以便让自己去接近那些不会无事献殷勤且可以一起畅谈学习的人。她利用物理课和实验之间短暂的时间，同已经是教授的保罗·潘勒维和让·佩韩——法国科学界的未来领袖——谈话。玛丽没有时间和精力去结交朋友和谈情说爱，她爱的是数学和物理学。她的头脑很精确，智力惊人，没有什么事可以阻碍她为学习付出的努力。她有步骤地、耐心地朝着自己的目标前进；1893年，她先得到了物理学学士学位；1894年，她又得到了数学学士学位。她用行动表明了自己当初的计划并不是空想。

考完试之后，要按照成绩优劣，在梯形教室里宣读名次。玛丽挤在里面，与同考的人和学生家属混杂在一起，等候主考人进来，一直被人挤着，推来推去。人群忽然安静下来了，她听见头一个念了自己的名字——玛丽·斯可罗多夫斯基。没有人猜想得到她当时内心的激动，她从同伴的贺喜声中脱了身，从人群中逃脱，跑远了。现在，假期已经开始了，是时候准备回波兰了，该回家了。

玛丽将自己所有的钱都花在了给家人买礼物上，然后一文不带地在巴黎北车站上车。钱是很少的，买的东西也都是玛丽精挑细选的。玛丽在火车上忍不住有些激动，每次回家都会令玛丽心情大好。

但事实上是每次到了秋天，玛丽都会有同样的忧虑：去哪里筹钱？怎样回到巴黎？40卢布接着40卢布，她的积蓄已经用完了，而且她一想到父亲为了要帮助她，连退休后的休息时间都放弃了，就觉得十分惭愧。

到1893年，情形似乎是全无希望了，玛丽差不多要决定放弃这次求学了，这时忽然出现了一个奇迹。她的好友迪金斯卡小姐确信玛丽的前途不可限量，在华沙用尽一切办法，替玛丽申请了“亚历山大奖学金”，这种奖金是供给成绩优异的学生在国外继续深造用的，有600卢布呢！

“600卢布！够用15个月了！”玛丽心里这样计算着。这笔钱对玛丽来说无疑是雪中送炭，只要她刻意节省，就可以使那600卢布多维持一些日子，那样她就可以在教室和实验室这些天堂里多留一段时间。几年之后，全国工业促进协会邀请她进行一项技术研究，她从这第一次收入中节省出600卢布来，送还亚历山大奖学金委员会的秘书，这让秘书大吃一惊，因为还从来没有出现过这样的情况。但是玛丽对她说：“我把你们的奖金当作荣誉的借款，它帮助我获得了初步的荣誉。借款理应归还，请把它再发给另一些贫寒而又立志争取更大荣誉的波兰青年。”

这英勇奋斗的四年，并不是玛丽·居里最快乐的日子，但是在她的眼里是最完美的日子，最令她难忘的日子，也是她一步一步接近自己一直仰望的人类使命的峰顶的日子。她完全专心于学问，虽然显得有点孤独，也“不能自给”，但却过着最充实的生活。一种极大的热情使这个26岁的波兰女子能够忽视她所忍受的贫困，能够心安地过她的贫贱生活。她轻松地在另外一个世界里翱翔，永远认为那是唯一的纯洁世界，唯一的真实世界！

在这样困苦的冒险中，绝不可能每天都是极好的日子，常有意料不到的事情突然发生，扰乱了一切安排。她必须注意自己的时间规划，不能受外界的影响而使自己的计划泡汤这是很难的，因为总会有许许多多意想不到的事情发生。好在玛丽对自己有足够的自控力，总能很好地处理这些突发性问题。而最让她无法解决又深深担忧的还是手头太紧，哪怕是买一盒牙膏，换一双鞋子，都需要她从食物中节省，在灯油上节省。这是一件痛苦的事情，因为灯油不足就意味着她不能尽情看书，这对她而言是一种最大的伤害了。

玛丽最怕的是巴黎的冬天，那七层顶楼是那么冰冷刺骨，冷得玛丽不能入睡。她只能竭力忍受，她一边颤抖着一边想，这算什么？一个华沙女子会忍受不了巴黎的冬天么？但是还是太冷了，这样是根本无法入睡的，玛丽点上灯，四周看看，然后打开那口大箱子。她把箱子里面所有的衣服都拿出来，能穿多少就穿多少，然后再钻进被窝里去，再把其余的衣服——她的衬衣和替换衣裳都堆在被子上。可是天气还是太冷，玛丽伸出手臂，拉过那唯一的一张椅子，提起来压在成堆的衣服上，这样可以挡住一些风吹进被子里，也能使自己感觉更踏实更暖和些。她一动不动地等待进入梦乡。这时，水桶里正慢慢结着冰。

之前已经提到过，玛丽由于那次痛心疾首的初恋而将所有精力都花在了学习上，她已经把恋爱和结婚从她的生活计划中划掉了。她觉得自己完全可以一个人生活，这并不十分奇怪，她如果想找人说话的话，她可以找她的好友或者是兄弟姐妹，如果有事情需要找人商量的话——当然由于她的独立性格使她很少会找人商量事情——她可以找她的父亲斯可罗多夫斯基先生。一个贫寒的青年女子因为初恋而失望并遭受屈辱，便发誓永远不再恋爱，她已经不相信爱情，觉得那会使人陷入一种恐慌和不真实的境况，就这样，一个斯拉夫女学生为知识方面的抱负所激发，使她决定放弃一般女子的义务、幸福，以便从事自己认为适合的事业。

玛丽完全建立起了一个极端严肃的私人世界，由爱好科学的情感支配。对自己的家庭的亲热，对受压迫的祖国的依恋，在这个世界中也占有一定的地位。这就是她的全部感情了，其余都不足重，也都不足道。

她独自住在巴黎，每天在索尔本和实验室都会遇见青年男子，但是她已经决定忽略这些人的性别了，只当是一般的同学或是陌生人。她这样看待周围人是有她自己特殊的原因的。

她的梦想萦绕在她心头，贫苦折磨着她，大量的工作使她过度劳累；她已经没有什么闲暇时间了，她不知道闲暇，自然也就不会知道闲暇的危险。而她的自尊心和羞怯保护着她。最令她无法释怀的是：自从Z先生家不愿意接受她做儿媳妇的时候，她就认为一个没有嫁妆的女子是不能得到男子的忠诚和温情的。这些痛心的回忆成就了她自己的独特感情观和一些“正确的理论”，这使她意志坚强，使她坚持要保持独立。

一个天才的波兰女子过着枯燥的生活，与人世隔绝，全身心投入自己的工作并没有什么特别的地方，但是倘若还有一个天才的法国学者竟会痴痴等待这个波兰女子的出现，那就真太不可思议了。

神奇得很，玛丽还在诺佛立普基路的住房里，梦想要到索尔本求学的时候，皮埃尔·居里已经在索尔本发现了几个重要的物理学问题，而他从索尔本回家后，竟在自己的日记里写下了这样几行伤感的话："当我们受某种神秘的爱所驱使，要走上某种反自然的途径时，当我们要把全部思想用于某种工作，远离我们所接触的人类时，我们就必须与女子战斗。母亲希望保持她对儿子的爱，即使他长成一个呆子，她也不在乎；情妇要完全占有她的情人，觉得为一小时的恋爱而牺牲世界上最好的才能，也是一件当然的事。在这种战斗中，我们差不多永远不是她们的对手，因为女子有对她们有利的理由：为了生命，为了天性，要试着把我们引回去。"

几年过去了，皮埃尔·居里一直把身心都献给科学研究，他没有娶任何仅仅外表漂亮的女子。虽然他已经35岁，但他谁也不爱。

他翻看着他往日的日记，重读旧日所写的话，其中几个小小的字，充满了惋惜和莫名的忧伤，引起了他的注意："天才的女子很少。"

"我走进去的时候，皮埃尔·居里正站在一扇对着阳台的落地窗前。虽然那时候他已经35岁，可给我的感觉很年轻。他那炯炯的目光、颀长的身材和洒脱的风度，给了我很深的印象。而他那略显迟缓而审慎的言谈，他的质朴，他那既庄重而又活泼的微笑，让人觉得很可靠，值得信任。我们开始谈话，不久就发现我们真的很投缘。谈话的话题是一些科学问题，我乐于征询他对这些问题的意见。"

这是玛丽后来用单纯而且略带羞涩的语句，描写他们在1894年年初第一次会面的情形。他们俩的这次会面得益于一个叫科瓦尔斯基的波兰人。他是福利堡大学的一名物理教授，他和他的妻子当时旅居法国，玛丽以前在斯茨初基同这位夫人相识。这是他们的新婚旅行，也是科学旅行。科瓦尔斯基先生在巴黎举行过几次很成功的讲座，并且多次参加物理学会的集会。他一到巴黎就打电话叫玛丽，并且友善地询问她的近况如何。

玛丽对他诉说了自己的近况以及自己内心的焦虑，全国工业促进协会已经邀请她研究各种钢铁的磁性。她现在开始在李普曼教授的实验室里进行研究，这是一个很难得的机会，但是她必须分析各种矿物，并且还要收集各种金属的样品，这样一来，就需要一种更为复杂的设备了，而那个实验室已经太满，塞不下她的设备。玛丽不知道怎么办，不知道在哪里做她的试验，为此很是焦虑，她一个穷学生丝毫没有办法改变什么。“难道要自己建一个实验室？那真是太恐怖了。”她不禁这样想着。

约瑟夫 · 科瓦尔斯基考虑了一会儿，对她说：“或许我有一个主意可以试一试。我认识一个很有才能的学者，你也许知道他的名字，他叫皮埃尔 · 居里。他在娄蒙路理化学校工作，也许他那里能有一间供你支配的房间。无论如何，他至少可以给你出个主意。你明天晚上晚餐后到我们家里来喝茶。我请这个年轻人来。”

这是一个很平常的夜晚，在一个很平常的寓所里，一个很平常的小宴会，却因为同样的渴望和对科学的执着，使得这个法国男物理学家和这个波兰女物理学家彼此接近，最后结合，从而使得这个夜晚变得不那么平常。

皮埃尔·居里的庄严和温雅的风度有一种很特别的魅力。

虽然这个人显得沉默寡言，也不会高声说话，却不能不使人注意到他所表现的才智和个性。在一个智力和道德很难兼备的年代里，皮埃尔·居里差不多是人性的典范，聪慧而又举止优雅，既是一个有能力的人，又是一个高尚的人。他的身材颇高，衣服剪裁得略大，显得宽松自然，穿在身上很舒服，无疑地，他有天然的优雅。他的手指很长，和他那粗硬的胡须相得益彰，他的脸很好看，留着的胡须使他的脸显得有点长，他的眼睛很温和，深沉，镇静，不滞于物，十分漂亮。

他们一开始谈话很空泛，仅仅是随意交谈，但不久就成了皮埃尔·居里和玛丽·斯可罗多夫斯基两个人之间针对科学知识的对话了，这是他们都比较关心的问题，也是他们共同的理想和理念。

居里看玛丽的头发，看她那饱满的前额，看她那被实验室中的各种酸和家务工作损伤的手，以及因为长期饮食不善而导致的瘦瘦脸颊。她的娴雅让他迷恋，而自然的表情使她更显动人。他记起主人请他来和这个青年女子见面的时候，对他说过的一些事："她在上火车到巴黎来之前工作了好几年，她没有钱，她独自在一个顶楼住着。"

他问斯可罗多夫斯基小姐："你在法国定居吗？"居里自己也不大明白为什么会这样问。

玛丽的脸上罩上了一层阴影，用她那悦耳的声音肯定地回答说："当然不。今年我若能顺利考上学位，就回华沙去了。当然，我是十分愿意在秋天的时候回来的，但是不知道还能不能回得来。

而至于将来，我要在波兰当教师，我希望自己能有点用处。波兰人没有权力和理由抛弃自己的祖国。”

玛丽尊敬地问皮埃尔一些自己迷惑的问题，听取他的意见，希望可以获得一些有价值的经验。他也叙述他的计划，描述那使他惊奇的结晶学的现象，提到自己的研究方向。

他是个一心只想物理学的物理学家，他想象不出这个具有特殊天赋的青年女子，怎么会想到科学以外的事？而她的前途计划，怎么会是要用她的力量去抵抗沙皇政府？

从晚上的谈话里，他明白了玛丽关心的几个问题：国家和科学。为了科学，这个青年女子愿意吃不饱穿不暖；为了国家，这个青年女子愿意舍弃更多。这些都让他有些着迷，觉得这是一个自己从未见过的很特别的女孩。

他愿意再和她见面，甚至还有些淡淡的期待。

2. 志同道合的朋友

皮埃尔 · 居里是一个很有才华的法国学者，虽然在遇到玛丽的时候，他在国内还默默无闻，但是已经深为国外同行所推重。他是欧仁 · 居里大夫的次子，祖父也是医生。这家人的原籍是阿尔萨西亚，原是不大的资产阶级人家，经过几代人的努力之后，渐渐成了小有名气得的书香人家。皮埃尔的父亲虽然为了生计而行医，但是他很关心科学研究，曾做过巴黎博物馆实验室里的助手，而且写过一些关于结核接种的著作。他是一个很严肃的人，也是一个对自己子女比较严格的人，他希望自己的儿子将来能有所成就，他对自己的这个儿子期盼很高，因为皮埃尔很聪明，做事情也比较严谨，他觉得儿子将来是会有出息的。

而皮埃尔本人是一位年少有为的青年，年幼时的他给人一种机灵鬼的感觉，他喜欢独立思考，天资出众，满脑子幻想。这个出生在法国巴黎的小孩很快表现出了自己的天赋。1875年，仅仅16岁的他被送到索邦他哥哥的住处，开始进一步学习。他很明白父母的用心，也愿意成为一个有用的人，所以他并不是简单地居住在哥哥那里。当时他哥哥已经是一所医药学校的助教，皮埃尔的任务就是帮助哥哥整理物理讲义。这是一种潜在的学习。他可以通过这些讲义来自学，不断提高自己的知识水平。他学习得很认真，勤奋努力，经过两年的学习，他的付出就得到了回报。到1877年，18岁的他就获得了硕士学位。虽然这已经很了不起了，但是他并没有自满，通过他哥哥的讲述，他明白了很多，知道这个社会上有很多很了不起的杰出人物，还有许多暂时没有表现出非凡才华的年轻天才。他继续努力学习，并且想办法给巴黎大学递交了一份求职信，第二年就被巴黎大学录用，成为物理实验室的助教，四年后被任命为巴黎市立理化学校的实验室主任，并在该校从事了22年的工作。1900年他获得博士学位，并被巴黎大学聘为理学院教授。这样的人生可以说是很值得一般人敬佩的了。

他第一个在科学上的比较重大的成就是他与德斯爱因斯经过三

年的研究，在1882年证明了李普曼的关于逆效应的预言：电场引起压电晶体产生微小的收缩。他利用这个原理发明了居里计。这种仪器能把极微小的电量精确地测量出来，也为后来的电报机的发明提供了一个契机。而他从1883年之后，自己开始了独立的研究，他仍然对电流和晶体进行试验，渐渐他发现了一些有趣的现象：有些晶体带电后会产生磁场。也正是这个发现让他对晶体的结构和物质磁性产生了极大的兴趣，并取得了一些成果，也正是这些成果使得他顺利获得了博士学位。

在和玛丽第一次相见之后，他们保持着联系，几个月过去了，随着彼此的尊崇、钦慕和信任的增长，他们的友谊更深厚了，彼此之间的感觉也更加亲密了。皮埃尔·居里已经成为这个极聪颖的女孩俘虏，他从内心里服从她，愿意听从她的劝告，不久就在她的鞭策和激励下摆脱了自己的懒散习惯，写出了有关磁性的著作，并且交出了一篇十分漂亮的博士论文。

玛丽相信自己是自由的，相信人在一些必要的时候必须做出一些决定来，她似乎无意等待这个学者说出一直不敢说出的决定性的话。她很清楚自己的理想和追求，她希望自己全身心地投入一种事业，执着和果断是玛丽有别于他人的一个明显特征。

有一天晚上，他们又在那个不知道来过多少次的屋子里聚会，一个很安静的没有别人的小房子，也许这是第九次或者是第十次，他们自己都记不清了。那时正是6月中旬，黄昏很是美丽，天气也很舒爽。桌子上，在玛丽预备不久应考用的数学书籍旁边，有一瓶白雏菊花，这是皮埃尔和玛丽一起出去散步时采回来的。

皮埃尔有几次谈到将来，并向玛丽求婚，可是他知道这是一件不容易办到的事情。让玛丽嫁给一个法国人，从此远离自己的家，抛弃波兰，在斯可罗多夫斯基小姐看来，这简直是一种可怕的叛国行为，是一种对灵魂的亵渎，是想都不应该想的事情。她当然不想这样做，也不能这样做！她已经顺利地通过了考试，现在正是她回华沙报效祖国的时候。她要在自己的国家、自己的故乡过完一个暑假，永远不再离开。她答应与这个青年学者保持友谊——不过这已经不能使他满意了，此外她再也没有许下什么承诺。这样的态度让他感到失望和沮丧，皮埃尔眼睁睁地看着她上了火车，在月台站了很久。

他的心随着玛丽的离开而缓缓下沉，直到自己都感觉不到了。他想到瑞士去看看她，因为她的父亲将会到瑞士去接她，并同她一起在那里过几个星期。之后玛丽他们或者是到波兰——那个让他深深嫉妒的波兰。他想自己最好能赶到波兰去，然而他办不到，于是他只好从巴黎寄出一封封信去请求她，希望她能回心转意。在暑假的几个月里，无论玛丽人在哪里——克瑞塔兹、勒姆堡、克拉科夫、华沙——总有一些字迹工整的信，在便宜的信纸上写着孩子气很浓的话，发信地址是理化学校。皮埃尔希望可以通过自己的努力、自己的解释说明一个很简单的道理：他喜欢玛丽，希望玛丽可以嫁给他，他愿意等她。

没有任何人和任何事可以阻拦他，他相信自己这样做会如愿以偿的。他这样想：我是爱她的，所以我应该去追求她，而她现在也没有男朋友，何况，她心里也爱慕我，她是喜欢我的，这在之前的谈话中，已经流露出来了。她不接受我的求婚，仅仅是因为国籍和今后在哪里定居的原因。哦，这些是什么大事情么？不是的，这些不是很重大的事情，她现在显然没有明白这些，不是她不爱我，只是……或许仅仅是因为她不愿意背上叛国的坏名声吧。

皮埃尔坚信自己的想法，所以他不断地给玛丽写信说明这些。他觉得现在两人的关系已经到了一个临界点，只要再稍微努力一下，或许这感情的冰块就会慢慢融化。所以他不怕玛丽的不冷不热的态度，他能理解玛丽的难处，他似乎更加相信自己的努力。他不会放弃的！

3. 崭新的婚姻生活

到了10月份，皮埃尔·居里终于又感到了幸福，因为玛丽已如约回到巴黎。很多人在索尔本的课堂和李普曼的实验室里又看见了她的身影。不过这一年将很有可能是她在法国的最后一年，她自己很明白这一点。她不住在拉丁区了——布洛尼亚在沙透敦路39号开设了一个诊所，她给玛丽一间与诊病室接连的小房间，布洛尼亚只有白天到这里来，所以玛丽可以安静地一个人在这里工作。

在这个闷热而昏暗的房间里，皮埃尔不断提出他那情意绵绵的要求，他在心底是相信自己的努力的，他的倔强并不下于玛丽，不过就是换了一种方式。他和他的未来的妻子有同样的信念，只是更加纯洁，更加完整，也更简单——科学是唯一目标。他把感情活动与内心愿望融合在一起。这位学者倾心玛丽是受到爱情的驱使，同时也是出于更加高尚的需要。他愿意尝试各种方法，只要能实现这样的愿望。

皮埃尔知道玛丽对德卢斯基提到过自己，就试图从这方面发动新的攻势。他见过布洛尼亚几次，知道她的住处，也知道怎么联系她，他希望可以争取到布洛尼亚的全面支持；他请她和玛丽到他父母家里去，他希望可以得到周围所有人的支持，以便帮助玛丽“想通”。玛丽对布洛尼亚谈到她的迟疑，谈到皮埃尔对她提出的自己移居国外的建议。她觉得没有接受这种牺牲的义务，但是皮埃尔竟会有这种念头，使她大为不安。虽然最后的结果令皮埃尔喜出望外，但他还须再等十个月，这个固执的波兰女子才肯答应和他结婚。

玛丽写信给她的朋友卡其雅，把自己的重大决定告诉她：“等你收到这封信的时候，你的玛丽已经改姓了……我将与去年我在华沙对你谈到的那个人结婚，从此不得不永居巴黎，我觉得很难过，但是有什么办法呢……命运注定我们彼此很深地依恋着，注定我们不能分开。”

皮埃尔到玛丽的住所去接她。他们必须到卢森堡的车站才能乘车到他父母住的地方。在灿烂阳光的照射下，他们坐在公共马车的顶层上，缓缓走过圣米雪尔大道。

等走过索尔本的时候，车停在大学理学院门口，玛丽把他的胳膊抱得更紧一点，因为她看到他的眼神是那么明亮和平静。

在玛丽和皮埃尔·居里结婚前，他们想过房子里的各种东西以及应该怎么摆放，但是在玛丽的强烈要求下，新房里只有两把椅子，正好一人一把。皮埃尔觉得椅子太少，建议多添几把，以免客人来了没地方坐。玛丽却说："有椅子是好的，可是，客人坐下来就不走啦。为了多一点时间搞研究，还是算了吧。"对玛丽而言，时间是最宝贵的东西，也是自己一点都不能浪费的东西，所以她常常会仔细计算时间。

皮埃尔和玛丽的共同生活，在开始的日子里是很别致的。虽然玛丽觉得时间很重要，但是也认为自己是可以偶尔"浪费"一点的，虽然这在别人看来一点也不是浪费时间的表现。他们常常骑着当时还不常见的自行车，在法兰西岛区的路上游玩，他们用载物架上的皮带紧紧捆了几件衣服，因为夏天多雨，还不得不买两件胶布长斗篷。每到有趣的地方或者是风景优美的地方或者仅仅是因为有些疲劳的时候，他们就会坐在树林中空地的苔藓上或路边的草地上，吃一点面包、干酪、梨、樱桃作为午餐。而晚上就随便到一个陌生的客店里投宿，然后他们在那里喝上一碗很浓的热汤。他们在夜间独处于田野之夜的沉寂中，时常有远处的犬吠、鸟的低鸣、猫的狂叫和地板的引人注意的吱嘎声冲破这种沉寂。这种日子很宁静，很让人迷恋。皮埃尔极爱乡村，毫无疑问，他的天才需要这种安静的长久散步，散步的平缓节奏有利于他进行思考。

1895年夏天的几次旅游——"新婚旅游"，比他以前的旅游更甜蜜，爱情增加了这些旅游的美丽，使得这些旅行都很有乐趣。没有花多少钱，却使这对新婚夫妇获得了别样的情趣，增进了彼此的情感，享受了只有两个人在一起的宁静的快乐。

快到八月半的时候，这对夫妇在新买的一个别墅里住下了。这个别墅是布洛尼亚发现的，她在这里租住了好儿个月。同皮埃尔和玛丽一起住在这里的，还有德鲁卡夫人、卡西密尔、布洛尼亚以及他们的女儿艾兰娜。斯可罗多夫基教师和海拉已经延长了留在法国的期限，暂时也住在这里。这一大家人住在一起，当然有不少乐趣，特别是斯可罗多夫斯基先生更是感受到了天伦之乐。这所房子周围的环境十分优美，而且也比较宁静，房子藏在树林中，与外面隔绝，树林里有许多野鸡和野兔，地上盖满了铃兰花的叶子，真的十分漂亮。皮埃尔·居里在短短的时间里得到了玛丽一家人的接纳，也融入到了这个大家庭中。他同斯可罗多夫斯基先生谈科学，同艾兰娜很严肃地交谈。艾兰娜才三岁，可爱而漂亮，所有的人都喜欢她。

而这个时候，最令人激动的是一个伟大的名字终于出现在人们的嘴里——居里夫人。

皮埃尔的父母有时也会来看他们，于是大桌子上就又添了两份餐具，人多而热闹，谈话很热烈，由化学说到医学再说到儿童教育，由社会思想泛论到法兰西和波兰的一般观念，几乎什么话题都会涉及，甚至连皮埃尔和玛丽什么时候该生儿育女都得到了大家的谈论。

很快这对夫妻和众人就离开了这个环境优美的房子，他们得住进城里，于是他们在十月搬到格拉西埃尔路24号去住，这所住房很不舒适，唯一可爱之处，是从窗户望去，可以看见一座大花园。

玛丽和皮埃尔根本就不去装饰这三间小屋子。皮埃尔的父母多次提议给他们几件家具，他们都不肯要。在他们看来，添一个长沙发或一把扶手椅，每天早晨就多一件东西要擦拭，在大扫除的日子就多一件东西要擦亮，这是非常困难的，这些时间是宝贵的，玛丽不愿意浪费在这些小事情上。再说，长沙发和扶手椅有什么用处？这两个人已经商量好不请人聚会也不接待宾客了。

若有讨厌的人爬上五层楼，要到这个小巢来扰乱这对夫妇的繁忙生活的话，走进这间四壁萧然、只有一个书橱和一张白木工作桌的房间，一定会很扫兴，也待不久的。工作桌一头是玛丽坐的椅子，另一头是皮埃尔坐的椅子，桌子上是一些物理学的专门书籍、一盏煤油灯、一把花，此外别无他物。不得不说这对夫妻确实很忙，一天需要八小时进行科学研究，两三小时料理家务。这还不够，到了夜晚，玛丽·居里会在账簿中“先生费用”和“夫人费用”两个堂皇的栏目下面记下每日支出，然后坐在白木桌的一端，开始专心为大学毕业生的职业考试作准备。皮埃尔在煤油灯的另一边，埋头制定他在理化学校的新课程的教学大纲，他们实在是没有什么多余的时间去招待人了，有时候连皮埃尔的父母在这个房间都坐不了几分钟。

婚后第二年，玛丽因怀孕而感到不适，她的健康状况与第一年相比并没有什么不同，她依然瘦弱单薄，就连脸色也显得很不好。玛丽的状况不是吃喝的问题造成的，事实上她的吃喝比上一年有所改善，只是她太忙碌了！

一次，只有一次，皮埃尔对自己的妻子说了一句诉苦的话。他用很低的声音说："我们选择的生活太苦了。"皮埃尔气馁到这种地步，是否因为他的力量已将用尽？也许他得了某种可怕的不治之症？所以觉得自己之前的生活方式可能有点问题，他看着自己妻子的瘦弱身体心中忍不住伤痛，但是他知道玛丽的倔强。他没有在这个问题上过多地谈论。

玛丽想驳他的话，但是她不能掩饰她的担心。

"皮埃尔！"

这个学者吃了一惊，转向玛丽，玛丽痛苦地喊他，她的声音像是有人掐住了她的咽喉。

"怎么回事？亲爱的，你怎么啦？"

"皮埃尔，如果我们俩死了一个，剩下的一个也活不了。我们分开是不能活的，是不是呢？"

皮埃尔慢慢地摇着头。玛丽一时间忘了自己的使命，对他说了这些女人缱绻的话，这却提醒了他，如果自己真的因病去世，自己的妻子会不会一蹶不振，他不希望她做出任何不理智的事情来，他对玛丽痉挛着忧伤的脸凝视片刻，然后坚定地回答说："你错了。无论发生什么事，即使成了没有灵魂的身体，还应照常工作。学者不能和他的使命对抗，即使他觉得厌烦，觉得要反抗，他的脚步还是会把他引到他的实验室的仪器前面。"

玛丽愿意有个小孩，她喜欢小孩，皮埃尔也希望有个小孩，那样家里会热闹些，可真要那样的话，他们也会觉得不对劲。玛丽的生活不能发生太大的变化，她需要大量的时间好不知疲倦地在仪器前研究钢铁的磁化作用。科学对她而言实在是太重要了，她喜欢那种全身心投入实验时的充实感和满足感。虽然她觉得怀孕以及抚养孩子会浪费自己许多时间，不过在皮埃尔父母和姐姐姐夫的劝导下，她还是妥协了。

第四章　忙碌而细心的母亲

1. 伊蕾娜·居里的出生

居里夫人在1896年9月12日生下了自己的大女儿伊蕾娜，这是一个美丽的孩子，继承了母亲的脸型和父亲的眼睛，也是一个未来的诺贝尔奖获得者！皮埃尔的父亲居里大夫负责这次助产。整个过程中居里夫人咬紧了牙关，虽然疼痛剧烈，不过她却一声不吭，牙齿紧紧咬着嘴唇。

这次分娩没有怎么声张，也没有多费钱。仅仅是皮埃尔父母和居里夫人的姐姐一家人来到这个小房间里看望一下居里夫人和她刚刚出生的婴儿。皮埃尔夫妻俩的招待很简单，但是该有的都有。在居里夫人的那本账本上可以看到，在9月12日那一天右边的“特殊用费项”下记着：“电报，1法郎10生丁。”在疾病项记着：“医药和看护，71法郎50生丁。”居里一家在9月中的总支出是430法郎40生丁。虽然这些不多，但支出还是大大增加了，居里夫人在430法郎这个数目底下，画了两条很粗的线，或许是在表示愤慨和提醒。

不久，居里夫人遵照医生的明确嘱咐，不再给她的女儿喂奶，但是她在早晨、中午、晚间、夜里仍然需要替伊蕾娜换衣服、洗澡、穿衣服。她已经请了一个乳母，这样她才能有时间进实验室，否则她就只能全天抱着女儿以及哄女儿了。当乳母带着小孩在蒙苏利公园散步的时候，这个年轻的母亲才能在实验室的仪器前面开始自己一天的忙碌工作，并且起草她关于磁化研究结果的报告，这个报告最后在《全国工业促进协会报告书》上发表，使得玛丽声名大振。

玛丽·居里的第一个孩子和第一次研究成果同年问世，相隔仅三个月工夫。在中国，这样的事情叫做双喜临门，是极好的事，而玛丽认为，这值得高兴，但也仅仅局限于欢喜而已。她没有太多的时间浪费在简简单单的喜悦中，研究成果并不是她的目的，她只有一个目标：一直研究，直到自己完完全全明白了。在物理学的研究过程中，她得到了很多经验和成果。

在1891年11月的那个早晨，居里夫人带着几个包裹，坐上三等车到了巴黎北站。这个路程对她而言还是很远的，不过同自己的科学研究相比，这不过是第一步。她经过了大学学习和结婚生子，玛丽·居里发现了物理学、化学中的乐趣并且经历了妇女的所有生活阶段。她在这一段时间里克服了许多困难，战胜了大小阻碍，她从来没有想到，自己的路竟然会是那么长，也没有想到自己今后的成就竟是那么惊人，更没有想过自己的名字会永远记录在科学发展史中，而她的祖国也因为她被更多人知晓。

这些居里夫人都没有想到，她所想的很简单，就是自己要不断努力，要不断前进，要在科学研究中度过自己的一生。这些经历对她的身体没有太大的影响，不过却深深刺激着她的心灵，把她塑造成了一个新的居里夫人，一个聪颖沉着的优雅女性。看玛丽·居里刚过30岁的时候照的相片，人们会情不自禁为之感动，以前那个健壮而且略显矮胖的女孩，已经变成了一个清灵的妇人。有人想说：

“这是一个多么动人、奇特而且美丽的妇人啊！”但是不敢说出口，因为她那极饱满的额头和向另外一个世界望去的眼光，会从她心灵的深处深深镇住他。这注定是一个被人们敬重的伟大女性！

人们的敬重和家人对她的尊敬与关爱是居里夫人对社会、对家庭付出所得到的回报。居里夫人在女儿伊蕾娜不足1岁时，就让她开始所谓的“幼儿智力体操”训练，让她广泛接触生人，让她与猫玩，到动物园看动物，看狮子老虎在笼子里睡觉的模样，看孔雀在游客面前展现自己美丽的羽翼；让她到公园去看绿草、蓝天、白云，看色彩绚丽的各种植物，让她到水中拍水学游泳，使她感受大自然的美景。

居里夫人认为一个人要想有所成就就必须有独立自强的性格和强壮健康的身体，她希望自己的孩子比自己更加有成就，她的教育在后来被证明是极其正确的。在伊蕾娜稍微大点后，居里夫人又开始了一种带有艺术色彩的“智力体操”，教孩子唱儿歌和讲童话。这些虽然也极为消耗时间，不过作为一个母亲，居里夫人明白这是一种责任，所以就算自己再需要时间，她也不会忘记对女儿的教育，当年她自己没有很好的机会去学习更多的自己喜欢的物理学知识和数学知识，这段经历使得她对女儿的智力教育比较看重，明白这些教育意味着什么。

居里夫人的教育是循序渐进的，她有意识地培养和开发孩子的智力，她特地看了许多这方面的书籍，明白什么时候该做怎样的教育。她不会像别的父母那样过度开发孩子的智力而忽视孩子的身心健康问题，她是有计划的。

等到伊蕾娜更大些的时候，居里夫人开始了智力训练和手工制作训练，比如识字识数；弹琴、作画、泥塑；让她自己在庭院中种树、栽花、种菜等；抽出时间与她散步，在散步时给她讲许多关于植物和动物的趣事，如种子是怎样在花里长成的，小老鼠和鼹鼠是怎样打洞的，哪里能找到兔子窝等。她还教孩子骑车、烹调等。这些有趣的事情很能吸引孩子的兴趣，也能增加小孩很多经验，虽然只是教授的而不是亲身经历的。她的教育都力求从实物开始，且每天更新，以提高孩子的兴趣。全方位的幼儿早期“智力体操”训练，不仅使孩子增长了智力，同时也培养了孩子的各种能力，增强了孩子的自信心，锤炼了独立的性格。

每天功课一完，伊蕾娜就被带到外面去。无论天气如何，伊蕾娜总要去步行很长的路。居里夫人在家里的花园里设了一个横架，上面挂一个吊杆、一副吊环、一条滑绳，让她在家里进行体育锻炼。从小让女儿进行锻炼，使她身体的柔韧性很不错，所以伊蕾娜常常会因器械体操的出色成绩而拿到令人高兴的一等奖。

居里夫人无论如何疲倦，总要陪女儿骑自行车出游。这既是对女儿的一种教育，也是对自己的一种放松。所以每到夏天，居里夫人总会带着自己的女儿一齐下水，指导她游泳。居里夫人之所以强化女儿的体魄训练，因为她意识到：体魄是人的意志的体现；一个人没有强健的体魄，在事业上也很难成功。她激励女儿：“达尔文能随‘贝格文’号舰艇在大西洋的风暴中颠簸了5年。他能在安第斯山脉、火地岛上翻山越岭，采集大量野兽化石、燕尾蝴蝶和风琴管珊瑚，以及每天伏案工作10到12小时，一干就是21年……没有强健的体魄，达尔文怎能完成《物种起源》呢？”

玛丽如果偶尔请人到家里来，她也会亲自下厨，并且尽可能使自己做的饭菜差强人意，然后把屋子收拾得干净整齐。在这个一心工作的家庭里，最随便的聚会事先都会引起一阵忙乱。玛丽聚精会神地在佛达路或阿来西亚路装满蔬菜鲜果的车子中间转来转去，挑选好看优质的水果，并且郑重询问乳品商人各种干酪的优劣，从卖花人那里挑几把郁金香和丁香花回到家里，她自己将这些鲜花扎起来。女仆很兴奋地预备比平常复杂一点的菜肴，邻近的糕点商人郑重其事地送来冰淇淋，最后玛丽还会收拾餐具。玛丽为她女儿伊蕾娜也组织过几次儿童聚会，为的是让小伊蕾娜不再害怕陌生人。

常到居里夫妇的房子来做客的有安德烈·德比尔纳，让·佩韩和他的妻子——玛丽最好的朋友，还有乔治·余班、保罗·郎之万、埃美·戈登、乔治·萨尼亚、查量－埃都亚·吉攸姆等七八个密友，还有赛福尔的几个女生。大家聚在一起的主要话题也是和科学紧密相连的。

星期日下午，天气晴朗的时候，这些人就聚在花园里。玛丽坐在树下，靠近艾芙的小车，手里拿着针线，缝制着小艾芙的衣服。但是这些活计并不妨碍她注意全部谈话，这种谈话在别的妇人听来，简直比用文言文讨论问题还要深奥得多，但是她却能从中敏锐地抓住重点，时不时说出自己的看法，往往令在座的人惊讶万分。

这些不平凡的交谈有时也夹杂着一些充满人情味的话语：居里大夫与德比尔纳和郎之万谈政治；余班很友善地嘲笑玛丽，批评她那过分朴素的衣服，责备她轻视打扮，并且主动指出玛丽不合适的搭配，还会告诉这个只会做实验的女科学家去哪些地方可以买到漂亮且实惠的服饰，于是这个年轻的妇人便惊讶地打听那些自己从来都不知道的美丽的服饰；在花园深处，离得远一点的地方，佩韩夫人在给伊蕾娜讲童话故事。

这些都充满了欢乐，同时也互相交流了经验，不仅有科学上的，也有生活上的。

研究和工作使居里夫妇废寝忘食，他们更加忙碌了。玛丽从前规定的“正常”生活规则，以及烹饪治家的计划，都被忘记了。玛丽有紧张的神经支持着，还不显衰弱。但有许多次，皮埃尔因为四肢突发剧痛，不得不卧床休息。这对夫妇并没意识到自己的愚蠢，仍旧过度地耗费着他们那日渐衰弱的体力。这是一段拼命的时间！

玛丽认为自己是坚不可摧的，她已经用轻蔑疾病和随随便便的日常生活，克服了她的亲属担心的结核病。但是从那本她按时记下自己的体重的小笔记本里，可以看出她的体重不断减轻，在棚屋里过的四年里减了七公斤。他们的朋友常说她脸色太苍白，气色不好。

皮埃尔和玛丽对于劝告和责备总是天真地回答说：“但是我们有休息时间，我们有暑假的。”

居里夫妇在1899年作了一次远游，这次远游是玛丽结婚后第一次回到祖国，不是到华沙，而是到奥属波兰，到德卢斯基夫妇建立疗养院的察科巴纳。一群很亲密的人，就住在离泥瓦工工场很近的“埃瑞公寓”里。斯可罗多夫斯基教师也来了，他仍很灵活，而且很开心，这次看到他的四个儿女，全家聚在一处，这种福气使他返老还童了。虽然在他心中免不了有许多的不舍，但是他还是很高兴看到自己孙子外孙们一起玩耍的热闹场面。

在他的记忆里，时间过得太快了，他的儿子和三个女儿在华沙为当家庭教师而奔走，好像还是不久以前的事，而现在，约瑟夫是著名的医生，有妻子女儿；布洛尼亚同卡西密尔创立了疗养院；海拉在学校任教，工作很有成绩，她的丈夫斯塔尼斯拉斯·扎拉伊领导一家重要的照相企业；而玛丽在实验室里工作，并且已经发表过研究成绩。

皮埃尔·居里是这一群人里唯一的外国人，自然备受关注。

三年之后，在1902年5月，玛丽又登上火车返回波兰。因为家里来信告诉她，她的父亲突然患病并做了手术，从他胆囊里取出很大的结石。她先是接到一些使她可以安心的消息，后来突然来了一封电报说她父亲的手术不太成功，可能有生命危险。

玛丽要立刻动身，但是护照的手续很复杂；等了好几天，那张官样文件才办妥。但这一耽搁，已经使一切都太晚了。

她在旅途中知道父亲死了，就打电报求她的姐姐们暂缓下葬。想到再也看不到父亲的脸，她简直受不了。她走进灵堂，只看见一具棺木和一些鲜花。她坚持要开棺，大家只好按照她的意思办了。她父亲的脸显得很平静，只是一个鼻孔流出来一点血，在脸上留下了一道淡淡的干血痕。玛丽对着这个脸告别并且请求原谅。她很痛心自己没有按照最初的计划和这位老人住在一起，这个老人原计划和她在一起度过余年，而她使他失望了。她时常暗暗地责备自己不应该留在法国，她在寂静中对着这个打开的棺木，低声自责，痛哭流涕，仿佛自己这些年所受到的苦难以及父亲晚年所忍受的孤独寂寞都找到了一个宣泄口，直到自己的兄弟姐妹过来安慰她才阻止了她的悔恨。

玛丽的父亲的晚年很快乐，并且因为她而更快乐。一家人对他的爱，他做父亲和祖父所得到的满足，已经使斯可罗多夫斯基先生忘记了自己的沧桑一生，而他的最终的、最大的快乐，是来自玛丽。这位老人一辈子都喜爱实验，喜爱科学，所以他更加关注女儿玛丽的成就。钋和镭的发现，巴黎科学院《论文汇编》里署着他女儿名字的惊人的学术报告，使这个物理学教师深为感动，一连几天都兴奋不已。玛丽曾告诉他，坚持四年努力之后，她已经得到一点纯镭。斯可罗多夫斯基先生在去世前六天，用颤抖的手给玛丽写了最后一封信，已经大不像他一向的美丽规矩的字迹。妻子的离世，幼子的夭折，以及四个儿女的相继成家离开，使得这位老人内心孤独，但是他从来没有要求过自己的孩子。

玛丽身体一直不好，加上父亲的去世给她深深的打击，她长久以来对自己神经系统所安排的可怕的生活方式，现在产生了奇怪的反应：她患了轻微的梦游症，会在夜间毫无知觉地起来在房子里走动。

2. 不一样的家庭教育

天赋是人的一种生来具有的无师自通的素质，人的天赋不能培养、不可造就，却可发掘。天赋是孕育天才的基因，没有天赋的天才是不存在的。为了发掘女儿的天赋，居里夫人早在伊蕾娜、艾芙牙牙学语时，就开始细细地尝试、观察、比较，她在笔记本上写着“伊蕾娜在数学上聪颖，艾芙在音乐上早熟”。当女儿们刚上小学时，居里夫人让她们每天进行1小时的智力开发；当伊蕾娜、艾芙进入中学，她就会给女儿在每天放学后再上一节“特殊教育课”。

“把握智力发展的年龄优势”是居里夫人开发孩子智力的重要“诀窍”。在索尔本的实验室里，居里夫人请让·佩韩教授她们俩化学，请保罗·朗之万教授她们数学，请沙瓦纳夫人教授文学历史，请雕塑家马格鲁教授雕塑绘画，请穆勒教授教她们各种评议和自然科学。而每个星期四下午，在巴黎市理化学校里，由居里夫人亲自教女儿们物理。经过两年的特殊教育课的尝试、观察和比较后，居里夫人发现大女儿伊蕾娜具备科学家的素质，小女儿艾芙的天赋领域是文艺。

居里夫人从整个科学生涯和人生道路上体会出一个道理：人智力上的成就，在很大程度上依赖于品格的高尚。一个人能不能被人尊敬，也要看他的人品修养。因此，她把自己一生追求事业和高尚品德的精神，影响和延伸到自己的子女和学生身上，利用各种机会培养孩子形成良好的道德品格。这和当代许多思想是一致的，即使不能成才也要使得他们成人。

而在丈夫皮埃尔去世以后的很长时间里，居里夫人一人完全担负起抚养孩子的重担。当时她经济上拮据，还得拿出一部分收入补贴科研开支。有人建议她卖掉与皮埃尔在实验室里分离出的那1克镭，这在当时价值100万法郎。这样一大笔钱对当时的居里夫人而言确实是很多的，但是她认为，不管今后的生活如何困难，绝不能卖掉科研成果。如果一个科学家被逼迫到卖掉自己的科研成果的时候，那么这个科学家的科学研究之路也基本走到尽头了。

获得了放射性研究的阶段性胜利之后，玛丽和皮埃尔意识到了一个很重大的问题：经济。为了500法郎一月的工资，皮埃尔每年须在理化学校里授课120小时，并且指导学生做实验。这些工资在没有小孩的时候，足够家用。但是自从生了伊蕾娜，他们雇了一个女仆和一个奶妈后，他们的预算增加了很多。开支已经完全超过了收入，皮埃尔和玛丽开始奋斗，他们必须找到新进款。

这两个大学者，为了使得他们的收支达到平衡，不得不做一些拙劣而且不幸的尝试。

皮埃尔·居里在十月离开学校，换了一个报酬比较高的工作，在居维埃路索尔本附设的P.C.N学部任教。这样的工作对皮埃尔而言并没有困难，他的经验和知识完全够用。玛丽也尽她的一部分责任，申请到凡尔赛附近的赛福尔女子高等师范学校任教。该校副校长给她送来了聘书。这样的改变使得他们的经济得到了不小的改善，但是之后发生的灾难却远远超过了这些改善！

他们不再希望过那么艰苦的生活了，而且他们也得为自己的女儿做一些打算，自己的女儿需要照顾，需要上学，这将是一大笔开销。而且居里夫妇渴望的实验室虽然不能建造起来，但他们也不满足于在棚屋里进行实验，虽然他们在那个小木板屋里度过的积极工作的时光，聊可安慰他们在其他方面遭到的挫折。他们仍继续教学，心甘情愿地去做，这是很宁静而舒适的生活，从昏暗的实验走向正常人的生活，对他们来说简直是一种享受。许多年轻的小伙子感谢皮埃尔，记得他教课的生动情节。有许多赛福尔女生对于科学的喜爱是玛丽培养的，这个拥有金色头发的教授用斯拉夫语音把高深的论证讲得娓娓动听。

为了让女儿从小养成勤俭朴素、不贪图荣华富贵的思想，居里夫人毅然将镭捐给了实验室，把它用于研究工作。后来她带着两个女儿赴美国接受总统赠送给她的1克镭时，也同样告诫女儿："镭必须属于科学，而不属于个人。"她对女儿的爱，表现为一种有节制的爱，一种理智的爱。她对女儿生活上严加管束，要求她们"俭以养志"，她教育女儿说："贫困固然不方便，但过富也不一定是好事。人必须依靠自己的力量，谋求生活。"

在第一次世界大战期间，居里夫人再次做出一项重大的决定：将诺贝尔奖金捐给法国政府，用于战时动员。居里夫人还亲自带着X光机上前线服务，并带着女儿伊蕾娜随同前往帮助检查伤病员。战争结束时，法国政府向伊蕾娜颁发了一枚勋章，这对年轻姑娘来说算是极大的荣誉。这使居里夫人得以宽慰。孩子们成长起来了，尤其是伊蕾娜在战时的经历使她变得更为成熟。

为了培养她们不空想、重实际的作风。居里夫人告诫两个女儿："我们不应该虚度一生。"为了培养她们勇敢、坚强、乐观、的品格，她常与子女共勉道："我们必须有恒心，尤其要有自信心。"为了教育她们必须热爱祖国，除了教她们波兰语，居里夫人还以自己致力于帮助祖国科学发展和波兰留学生的行动感染伊蕾娜和艾芙。尤使她们念念不忘的是：母亲以祖国波兰来命名首次发现的新元素"钋"以表现自己的赤子之情。

当然，简单来说，居里夫人在教育自己女儿的时候主要抓住"一个人不仅要自信，更重要的是要自立"。这在她后来给自己女儿写的信中很明确地表现了出来：

"亲爱的孩子：

"一个人不仅要自信，更重要的是要自立。

"成功者认为，只有丢开拐杖，破釜沉舟，依靠自己，才能赢得最后的胜利、拿到成功之门的钥匙，自立是力量的源泉。

"每个正常人都能够过一种自立的生活，但很少有人真正能够完全自立，因为依靠别人、跟从别人、追随别人，让别人去思考、去计划、去工作要省事得多。

"所以人们经常持有的一个最大谬见，就是以为他们永远能从别人的不断帮助中获益。

"自立，是每一个志存高远者必备的品质，而模仿和依靠他人只会导致懦弱。力量是自发的，不依赖他人。坐在健身房里让别人替我们练习，我们是无法增强自己肌肉的力量的，没有什么比依靠他人的习惯更能破坏独立自主能力的了。如果你依靠他人，你将永远坚强不起来，也不会有独创力。要么独立自主，要么埋葬雄心壮志，一辈子做个仰人鼻息的人。

“自立绝不只是单纯给自己创造一个优越的环境，以为可以不必艰苦奋斗，就能成功，这种想法只会给你们带来灾难。年轻人需要的是能够获得所有的原动力。他们天生就是学习者、模仿者、效法者，他们很容易变成仿制品。当你不提供拐杖时，他们就无法独立行走了。只要你同意，他们会一直依靠你。

“锻炼意志和力量，需要的是自主自立精神，而非靠来自他人的影响力，更不能依赖他人。

“爱迪生说：‘坐在舒适的软垫子上的人容易睡去。’

“总是依靠他人，总是觉得会有人为我们做任何事，所以不必努力奋斗，这种想法对自主自立和艰苦奋斗精神来说是致命的障碍！

“一个身强力壮背阔腰圆，重达近150磅的年轻人竟然两手插在口袋里等着帮助，这无疑是世上最令人恶心的一幕。

“你有没有想过，你认识的人中有多少只是在等待？其中很多人不知道等的是什么，但他们还是在等某些东西。他们隐约觉得，会有什么东西降临，会有些好运气，或是会有什么机会出现，或是会有某个人帮他们，这样他们就可以在没受过教育、没有充分的准备和资金的情况下为自己获得一个良好开端了。

“在我的人生经历中，从没见过某个习惯等着帮助、等着别人拉扯一把、等着别人的钱财或是等着运气降临的人能够成就大事。

“只有抛弃每一根拐杖、破釜沉舟，依靠自己，才能赢得最后的胜利。自立是打开成功之门的钥匙，自立也是力量的源泉。

“孩子，一旦你不再需要别人的援助，自强自立起来，你就踏上了成功之路。一旦你抛弃所有外来的帮助，你就会发挥出过去从未意识到的力量。

“世上没有比自尊更有价值的东西了，如果你谋划不断从别人那里获得帮助，你就难保自尊；如果你决定依靠自己，独立自主，你就会变得日益坚强。

“要相信你到这个世界上来是有目的的，是为了造就自己，是为了帮助别人，是扮演一个别人替代不了的角色。因为每个人在这场盛大的人生戏剧中扮演着自己的角色。如果你不扮演这个角色，这出戏就有缺陷了。只有当你意识到自己要在世上完成一件事、扮演一个角色、必须自立时，你才能有所作为。生活也因此具有了崭新的意义。你说是这样吗？我的女儿。

“圣诞就要到了，祝你圣诞快乐！

“想念你的母亲”

玛丽和皮埃尔开始在金钱方面变得宽裕，虽然他们不富有甚至经济一直处于拮据状态，但是他们不看重物质生活。即使是他们后来收到诺贝尔奖奖金的时候也如此。这张大面额支票在1904年1月2日交到戈卜兰路支行了，他们一时没打算好用这些钱做什么，他们还没想清楚，也没有时间去想。但是，可以确定的是皮埃尔终于可以辞去他在理化学校的职务了，而接替他工作的是他昔日的学生保罗·郎之万，这是一个杰出的年轻人。而居里夫人自费雇用了一个私人助手，她一个人实在是很难更好利用时间进行复杂的实验了。她虽坚持要皮埃尔辞去在理化学校的教职，但她自己却继续在赛福尔教课。她爱她的学生，舍不得离开他们，她觉得自己的体力完全可以应付的，再说这是一笔固定的薪水，还是很有用的。

在这之后不久，玛丽和皮埃尔的资金又增加了2.5万法郎，对于这么一笔财富，经过几天的商议，这对忙碌的夫妻终于决定怎样使用这一大笔钱了，玛丽以借款名义寄了两万奥币给德卢斯基，以便帮助他们创立他们的疗养院；将后来所得的奖金平分为两部分，一半买法国公债，一半买华沙城债券；有给波兰学生的；给玛丽青年时候的一个朋友的；给实验室的工人们的；给一些亟须钱用的赛福尔女学生的；资助科兹罗夫斯卡夫人重游故乡的。

玛丽很适当地施赠，不张扬，不过分。虽然这些善良的举措并没有大肆宣传出去，但是受到恩惠的人一个个都心存感激。玛丽决意在有生之年帮助那些需要帮助的人，但是她会量力而为，细水长流。

第五章　生死之间

1. 提炼镭元素

其实女儿的出生对居里夫人的生活并没有造成什么太大的改变，只是迫使她把原本用来休息的时间都花在给女儿换衣服、洗澡等琐碎小事情上了。她的生活的主旋律依然是科学研究，她没有放松一点时间，依旧是没日没夜地实验。她在理化学校的那个简陋的实验室里把平底锅放到火上，开始反复实验，在经过一段时间的实验之后，她做出了近代科学史上最重要的发现。获得两个学士学位，考取大学毕业生在中等教育界任职的文凭，一篇回火钢的磁化作用专论，这些是她1897年年底的年终总结。

按照皮埃尔的生活路线，在玛丽获得两个学士学位之后，她下一步要做的当然是考博士学位：为了这件事，她也彷徨了好几个星期，一方面觉得自己需要得到博士学位，那是对自己的一种肯定：但是另一方面，困扰她的是自己应该选择怎样一个能充分发挥的新颖的研究题目。

很快玛丽就看到了一个令她感兴趣的物理发现，一种类似于伦琴射线的物质放射现象，玛丽很主动地选择了这个命题并研究了四年，终于获得了一些成就。她成功地分析出了一种新物质。这种未知的物质一定存在，在她心里她已经宣布了它的存在，这是毋庸置疑的，但是她还须打开它的秘密，让这个新物质呈现出来。现在她必须通过实验来证实自己的假定，必须把这种物质分离出来。然后她才能对世人说：“它在这里，我已经看见它了。”

皮埃尔·居里十分关注玛丽实验的进展，之前他并没有直接加入工作，他只是凭借自己多年的实践经验给玛丽一些适当的建议，而这些意见对玛丽而言也是十分宝贵和重要的。不过当玛丽告诉他有可能即将发现一种新物质的时候，他决定暂时停止自己在结晶体方面的研究，而把他的力量用来与玛丽一同找寻这种新物质。这是一项烦琐的工作，如果光靠玛丽一个人的话，会使实验变得很艰难。

皮埃尔的加入对玛丽来说是极好的，现在奋斗的力量加了一倍，有两个头脑、四只手在找寻那种未知的物质。在实验室里，两个人都很匆忙，整天做实验，女儿基本交给了保姆。他们的成果是两个人的，不可能辨别哪一部分是哪一个人的成绩了。他们从1898年5月或6月开始合作，持续八年，直到突然发生了一件致命的意外事件，才残酷地破坏了这种合作。

经过一段时间的尝试，居里夫妇在含铀的一种矿石——沥青铀矿里找寻这种“放射性很强的物质”。他们发现未经炼制的沥青铀矿的放射性，比其中所含纯二氧化铀的放射性强了四倍，这是一个十分惊人的数据。但是这种矿石的成分已经被分析得很明确了，那么这种新元素的含量一定很少，所以一直没有学者们注意到什么反常的情况，严密的化学分析也没有发现它的存在。

皮埃尔和玛丽觉得这种情况的出现有两种可能，不过他们选择了一种比较保守的可能。据他们的“悲观的”计算，这种新物质在矿石中的含量，在沥青铀矿里的含量只不过是百万分之一，这样微笑的数字对他们而言是很令人沮丧的。不过在短暂的沮丧之后，他们俩又进入了忙碌的实验中。

他们开始耐心地探索，他们根据放射性法先依照化学分析的普通程序，把组成沥青铀矿的各种物质分开，逐一测量所分开的物质的放射性，将没有放射性的物质一一剔除。在连续淘汰几次之后，他们渐渐能够看出来那种“反常的”放射性是隐藏在这种矿石的某几部分中。这样的结果已经令他们开始激动了，他们的工作越向前进展，探索的范围就越缩小，离获得最终的结果就越近。放射性主要集中于沥青铀矿的两个化学部分里面。至此，实验总算是暂告一个段落，居里夫妇认为这是有两种不同的新物质存在的迹象。到1898年7月，他们已经可以宣布发现了这两种物质之一。

皮埃尔对他年轻的夫人说：“应该给‘它’定一个名字。”皮埃尔尊重妻子，一方面是热爱她，另一方面是尊重她先发现这种新物质的存在，所以他自己并没有给这两种新物质命名的想法。

给一个新物质命名也是一件值得深思的大事，这个原叫斯可罗多夫斯基小姐的物理学家，默默地想了一会儿。她隐隐约约地想到，这件科学大事将会在俄罗斯、德意志、奥地利等压迫者的国家发表，而不可能是在自己的那个已经从地图上消失的祖国发表，于是她想把这种元素定名为“钋”，因为“钋”元素的名词Polonium的词根与波兰国名的词根相同。以此来纪念自己的祖国，缓解一个游子的思乡情结。

在1898年7月科学院的《论文汇编》里，有这样一段话：“我们相信我们从沥青铀矿中提取的物质，含有一种尚未受人注意的金属，它的分解特性与铋相近。如果这种新金属的存在确定了，我们提议把它定名为钋，这个字来源于我们之一的祖国的国名。”

这个名称的选定可以证明，玛丽虽然已经成了一个法国人和物理学家，但是她并没有背弃她青年时期的热情，她依然深深眷恋着自己的祖国。

还有一件事可以证明这点：她提交科学院的文章《论沥青矿中所含的放射性新物质》在《论文汇编》上发表之前，玛丽已经把原稿寄回祖国一份，交给她从前做过初步试验的工农业博物馆的实验室主任约瑟夫·柏古斯基先生。于是这篇重要的物理学论文差不多同时在法国和波兰公开发表。

玛丽和皮埃尔·居里，还有一个合作者G·贝蒙一同给科学院写的报告，在1898年12月26日会议的《论文汇编》上发表。这篇报告宣布沥青铀矿里有第二种放射性化学元素存在。在这篇报告里面有这样的一个简短叙述："上述各种理由使我们相信，这种放射性的新物质里含有一种新元素，我们提议给它定名为镭。这种放射性新物质的确含有很大一部分钡，虽然如此，但它的放射性仍很可观，足见镭的放射性一定十分强烈。"

钋和镭的特性推翻了几个世纪来学者们相信的基本理论。这些放射性物体的自发放射如何解释？这种发现动摇了全部的已得概念，并且与已经根深蒂固的物质观念相反。这种发现对于学者而言是具有致命的诱惑的，但是没有到具有决定性的结果出来，物理学家还是要保持谨慎态度，所以他们确实对皮埃尔和玛丽·居里的工作极感兴趣，但是也仅仅表现为感兴趣，他们都保持着一种观望的态度。

化学家的态度甚至更不含糊。依照定义，化学家对于一种新物质只有在看见了它，接触了它，称过它，检查过它，用酸碱度加以度量，把它放在瓶子里，并且确定了它的“原子量”时，才会相信它的存在。毕竟，对于已知的化学来说，任何一种突然发现都需要大量的证明过程。他们现在就在等居里夫妇的进一步实验证明。

直到现在，没有人看见镭，更没有人知道它的原子量，对于一种只是放射性特别强烈的物质在没有准确的数据之前一切都是不确定的，因此，忠于科学的化学家的结论是：“没有原子量，就没有镭；把镭指给我们看，我们就相信你们。”

为了让不相信钋和镭存在的人看清楚，为了要向世界证实他们的“孩子”的存在，也为了让科学更加客观，居里先生和夫人还需工作四年。这是一段更加艰苦的时光，在没有相应条件下从事这样顶级的物理实验，其中的艰辛和困难不言而喻。

他们的目标是要取得纯镭和纯钋。在一般人看来，这或许等同于从盐水中结晶出盐粒来，但事实上居里夫妇的工作更加复杂。在这两个学者已经提炼成的放射性最强的产物中，这两种物质仍只有不易觉察的痕迹。这远远比将一粒盐块和十斤泥土扔进一吨水中，再从这一吨水里结晶出一粒盐还要困难得多。

居里夫妇的实验在娄蒙路的棚屋工作室中进行，那间房子极其不舒服，人住在里面比露天还要受罪，特别是夏天的时候，因为棚顶是玻璃的，棚屋里面燥热得像火炉，喝水都没有效果，而提炼过程还会不断地散发热量，使得原本就体质较弱的玛丽更加苦不堪言。

在冬天，简直不知道是应该希望下雪还是应该希望下雨，若是下雨，雨水就会一滴一滴地落在地上，落在工作台上，为此他们专门用东西标记出哪些地方是坚决不能放仪器的；若是下雪，就会冻僵手指。虽然还有一个火炉，但是那个炉子即使把它烧到炽热程度，也令人完全失望，只有走到差不多可以碰着它的地方，才能感受一点暖气，可是离开一步，就像踏入冰天雪地一样。这样一处地方是很不适合做实验的，但是他们没有更好的去处，所以只好冒着严寒酷暑进行实验。

不过，玛丽和皮埃尔有必要习惯室外的严寒，如果他们需要不断地进行实验的话。他们只有最简单的、最基本的设备，没有把有害气体放出去的一种叫做“通风罩”的装置，所以在室内也要保持通风，而且大部分炼制工作必须在露天的院子里进行。如果遇到雷阵雨或者暴雨天气，这两个物理学家就狼狈地忙着把设备搬进棚屋，大开着门窗让空气流通，以便继续工作，而不至于吸入大量有害气体或者被浓烟呛到窒息。

第一年里，他们共同从事镭和钋的化学离析工作，并且研究他们所得到的活性物质的放射性，做出详细的数据记录和分析。不久，他们就发现两个人一起实验会造成一部分时间的白白浪费，分工应该会使效率更高更好些，皮埃尔·居里便试着确定镭的特性，以求熟悉这种新金属。玛丽继续炼制，提取纯镭盐。玛丽之所以选择粗糙的提取工作也是经过夫妻的讨论的，皮埃尔对于物质的结晶方面的经验和技术水平都比玛丽好，可是玛丽是第一次从事这样庞大的研究实验工作，经验匮乏，于是在这种分工中，玛丽选了“男子的职务”，做的大多是体力工作。她的丈夫则在棚屋里专心做细致的实验。

玛丽在院子里穿着满是尘土污渍的旧工作服，头发被风吹得飘起来，周围的浓烟刺激着她的咽喉和眼睛，她强忍着不让眼泪模糊自己的视线，独自一个人操纵着一个巨大的冶炼工厂。

他们原先以为沥青的残渣里含有百分之一的镭，但经过一段时间的实验以后，他们才忽然发现自己的预言错了，甚至错得有些离谱，含量根本不到百分之一，甚至连十万分之一都不到。这种新物质的放射性极强，极少量的镭散布在矿石中就很容易观察或测量。但是最困难的是离析这极少量的物质，使它从与它密切混合着的杂质中分离开来，从而获得纯镭。

工作日变成了工作月，工作月变成了工作年。一开始他们并没预料到这个提纯过程会如此漫长，但是即使超过了自己的预期时间，皮埃尔和玛丽也没有失掉勇气。反而是镭的高放射性使得他们俩兴奋不已。他们之间的柔情和他们的热情，将他们牢牢结合在一起。他们在实验室里很少交谈，也很少做饭吃，食物基本都是面包，他们彼此一样，都是为了过这种生活而降生的。他们可以为了实验变得疯狂起来，变得坚毅起来。

经过长时间的研究，这种关于放射性的新科学的发展有了一个惊人的开端，但是如果要更好地研究下去，他们就需要一些合作者。虽然在这段时间里有一个叫做伯第的实验室工人偶尔来帮一点忙，并且这个勇敢的人在他工作钟点以外的时间也会经常过来帮忙。但是他们现在需要的是杰出的技术人员。他们的发现在化学领域内有重要的进展，这是必须专心加以研究的，他们愿意与有能力的研究者共同合作。

玛丽仍继续一千克接着一千克地炼制沥青铀矿的残渣，而之前他们夫妻经过一些努力终于获得了政府的支持和帮助，圣约阿希姆斯塔尔矿前后几次给她运来了好几吨这样的残渣。这已经让他们感到高兴了。幸亏她有过人的耐性，四年来她每天同时是学者，是专业工人，是技师，也是苦力。她完全承担了自己的工作，用简单的实验器材重复着一样的实验，而她仗着自己的脑力和体力，让棚屋里的旧桌子上放着越来越浓缩的产物，所含的镭越来越丰富。她的工作成果也逐渐增加，但是这仅仅局限在一种量的增加，什么时候达到质的飞跃还是未知。

在那些浓缩物不断地积累下，终于有一天，玛丽丢下了那件满是污渍的工作服，玛丽即将达到目的，她已经不必站在浓烟弥漫的院子里注视那装满熔化材料的大锅，还要不断地搅拌。她现在需要把那些放射性很强的溶液提纯，并把它们“分离结晶”，这是一个细致的活，应该有很洁净的地方，应该有防寒、防热、防污极佳的仪器，而不是这个简陋的棚屋，这里到处通风，铁屑和煤灰飞扬，如果混到小心提纯的产物中去，会让玛丽又花上大量的时间才能重新提炼好。这种事情每天必有，费去她许多时间和精力，使她很难受。

日复一日的研究，日复一日地提纯。这种无休无止的奋斗，使皮埃尔极为疲倦，他几乎要放弃它。他是一个心志坚定的人，但是他不愿意浪费自己的时间与精力。他不是想放弃研究镭的放射性，而是很愿意暂时放弃这项特定的工序：提炼纯镭。这道工序存在了太多的阻碍，种种困难似乎无法克服。难道他们不能等将来在较好的条件下再继续这项工作么？他和玛丽的精神已经很疲惫了，他们的身体被长时间的高强度实验拖垮了。玛丽原本瘦弱的身体显得更加弱不禁风。他看见玛丽用尽力量所得的有限结果，觉得烦恼，劝她暂时休战。

他没有把他的夫人的性格估计准确。玛丽的倔强虽然在婚前就见识过，不过他没有想到这个已经是人母的女子心如磐石，非要顺着自己的想法完成这项工作。玛丽想离析镭，就一定要把它离析出来。她轻视疲倦，轻视困难，甚至于轻视她自己在知识上的欠缺。这种欠缺使她的工作更为复杂，更为艰辛和困难。无论如何，她还只是一个很年轻的学者，一个刚为了自己的目标而进入实验室的新手，她没有皮埃尔由20年工作中得来的广泛知识，有时候遇着不大知道的现象或方法，还必须赶紧搜集资料，这又大大消耗了她的时间和精力。如果不是一种执着的信念，也许她早就将书扔了，跑出实验室，去抱抱自己的女儿伊蕾娜了。

1902年，在居里夫妇宣布镭可能存在的45个月之后，玛丽终于打胜了这场消耗战：她成功提炼出一分克纯镭，并且初步测定了这一新物质的原子量为225。这是一个值得庆贺的日子，玛丽带着自己提纯好的镭来到皮埃尔面前，看着自己的丈夫，笑而不语——她太高兴了。

那些不肯相信的化学家不得不在这些事实面前低头；不得不在一个妇女过人的顽强性格面前低头。大家都承认了这个新物质的存在，也承认了玛丽的天赋和坚毅的品格，并深深为之折服。

2. 喜获殊荣

镭正式存在了。

几个月以来使皮埃尔和玛丽入迷的镭的真相，实际上比他们之前想象的样子还要令人惊讶，还要可爱。镭不只有“美丽的颜色”，它还会自动发光。在这个黑暗的棚屋里没有柜子，在钉在墙上的板子上放着一个玻璃容器，在容器里安静地放着已经提纯的镭，那略带蓝色的荧光轮廓闪耀在夜里的黑暗中，微弱的光芒却显得格外美丽。

皮埃尔小心翼翼地找到一张有草垫的椅子，坐在玛丽的身边。在黑暗中，在寂静中，两个人激动地盯着那些微光看。玛丽的身体前倾，热烈地望着，像观看睡着了的伊蕾娜那样投入。

她的丈夫用手轻轻地抚摸她的头发。两个人靠在一起，静静观赏着美丽的光，静静享受着难得的空闲时间。

她永远记得看荧光的这一晚，永远记得这种世界奇观。

皮埃尔和玛丽在十月回到实验室，他们很疲倦，玛丽一面在那些研究上继续工作，一面撰写她提纯镭的工作报告，此时她变得对于任何事都不感兴趣。而皮埃尔这个时候也病了，他常感到剧痛，因为没有明确症状，医生们只好叫它风湿症。这种病残酷地打击着他，使他痛苦不堪，整夜呻吟，玛丽只好整夜整夜守着他。后来由波兰又传来坏消息：布洛尼亚的第二个孩子——一个男孩，患上了结核性脑膜炎，出世几天就死了。这些哀痛给玛丽的生活罩上了阴影。

虽然如此，玛丽仍须在赛福尔教书，皮埃尔仍须出题考问他那为数众多的学生，并且指导他们的实验。

从1899年到1904年，居里夫妇有时候合著，有时候独著，有时候与同行合作，发表了32篇科学报告。这些报告光看题目就令人感觉深奥难懂，字里行间满是图解和公式，一般人根本看不懂。但是每一篇报告都代表一次胜利。

放射性的研究虽然源起于法国，但是很快就传播到国外，并迅速在全球范围引发一阵研究热潮。从1900年开始，许多科学界的知名人物从英国、德国、奥地利、丹麦写信到娄蒙路，请求提供资料。居里夫妇与威廉·克鲁克斯爵士、维也纳的绪斯教授和玻尔兹曼教授、丹麦探险家巴尔森之间不断地书信往来，镭的“父母”慷慨地向他们的同行提供自己所掌握的资料以及专业的报告。这些人物加入到研究行列，使得放射学研究进入一个高潮期。

好几个地方的研究者都从事探寻未知的放射性元素，都希望有新发现。这条路显然是走得通的，既然铀之后能发现钋和镭，那么再发现其他的元素和物质也就是可能的。这工作很快就有结果出来了，次第发现的有新钍、放射钍、放射铅。在1903年，两个英国学者拉姆赛和苏狄，证明镭不断放出少量气体——氦气。而氦气是原子发生嬗变的第一个已知例证。稍后，仍在英国，卢瑟福和苏狄重提玛丽·居里在1900年预料的假定，发表了一个惊人的“放射嬗变学说”。这个学说的发表奠定了一些放射性元素变化理论，他们肯定放射元素虽然看似没有变化，实际上却处于自动演变状态，变化越快，其“活动”也越有力量。这为之后原子裂变并发明原子弹提供了一些理论基础。

皮埃尔·居里后来写道：“这就是简单物质嬗变的真实理论，但与炼金术士所说的变质不同。亘古以来，无机物必然是依照永恒的规律演变着。”

这是放射性的发现所揭露出来的事实。哲学家只好重新开始研究哲学，物理学家只好重新开始研究物理学。镭的最后一个奇迹，也是目前最美好的一个特征，乃是它能造福人类，它能治疗一种残酷的病症——癌肿。

玛丽没有离开过她的第一克镭，后来她把它赠给她的实验室了。她没有想过要卖这东西，虽然她那个时候经济依然十分拮据，在她看来这一克镭只是她奋发工作的纪念，此外并无其他价值。但是后来炼出来的镭的价值就不同了，它们有比金子宝石更加昂贵的价值。正式出售的镭是世界上最贵的东西，一克值75万金法郎。这是一个巨大的数字。

正如前文提到过的，居里夫人之所以要研究这个放射性是基于自己的博士论文的需要，现在她的研究有了成果，她获得博士学位的时机也就到了。三个穿大礼服的主考人坐在一张橡木长桌后面，轮流地询问这个应试者一些问题。布提先生和李普曼先生——她最初的教授，面带鼓励的微妙表情；穆瓦松先生是一个留着长须的学者。玛丽用柔和的声音回答问题，有时候拿起粉笔在黑板上画出一种仪器的图形，或写出一种基本公式的符号。她用枯燥的专业术语和乏味的形容词解释她的工作结果，虽然这种解释方式有些繁琐，但是玛丽还是仔细认真地讲解着；而围着她的物理学家，无论男女，脑子里都起了一种新的“变化”。玛丽的冷静言语给听众勾画出一幅这个世纪里最大发现的图景。

主席李普曼先生说了惯用的套语：“巴黎大学授予您物理学博士学位，并附‘极优’的评语。”听众的轻轻的鼓掌声停止之后，他以友善的态度，用一种大学老教授的柔和声音，简单地加上一句：“夫人，我还要代表主考人向你致贺。”

对于那些已经取得优异成就的学生，这些老教授也不会太过为难，毕竟成就是被世人公认的，他们的询问只是作为一种传统。这只是一种严肃的程序，本身不能代表什么，只是一种资格的认定。

在论文答辩之前，在制镭工业还不曾在法国和其他国家发展之前，居里夫妇作了一个决定，他们对于这个决定很不重视，然而这个决定对他们此后的生涯却有很大的影响。

玛丽在提纯沥青铀矿，离析镭的同时，发明了一种专门技术，并且首创了一种制造法。而如果他们将这种技术作为个人专利申请下来，那么他们将得到一大笔财富。

一个星期日早晨，皮埃尔在克勒曼大道的小房子里，把这些事情解释给他的妻子听。他以很平静的语音说："我们必须略谈一下有关我们的镭的事。制镭业将大有发展，现在可以说这是无疑的了。你看，这是布法罗寄来的信，有一些要在美国创立制镭业的工程师请求我们向他们提供资料。"皮埃尔说着将怀中的一封信拿了出来。

玛丽说："那又怎么样呢？"她对于这个谈话兴趣不大，她还有实验没完成呢。

"我们须在两种决定中选择一个。一种是毫无保留地叙述我们的研究成果，包括提纯方法在内。"

玛丽做了一个赞成的手势。

皮埃尔继续说："或者我们可以自居镭的所有者和'发明家'。若是这样，那么在你发表你用什么方法提炼沥青铀矿之前，我们须先取得这种技术的专利执照，并且确定我们在世界各地制镭业的权利。"

他极力以一种客观态度简明地解释情形。在皮埃尔看来，虽然自己不愿意自己的研究成果以一种商品的形式卖出去，可是他和玛丽的生活确实很困难，何况他们还有女儿。

玛丽想了几秒钟，然后说：“我们不能这么办，这是违反科学精神的。”

为了要尽到良心上的责任，皮埃尔强调说：“我也这样想。但是我不愿意我们这样轻率地做出决定。我们的生活很困难，而且恐怕永远是困难的。我们有一个女儿，也许还会有别的孩子。为了孩子们，为了我们，这种专利代表很多的钱，代表财富。有了它，我们一定可以过得很舒服，可以辞掉辛苦的工作。”

他最后又加了一句话：“我们还能有一个好的实验室。”

玛丽的眼睛凝视着，她的内心也有些动摇，毕竟现实生活状况就在那里，她走到丈夫面前，缓缓说道：“那是违背科学精神的，科学家的研究成果应该公开发表，别人要研制，不应受到任何限制。我们的发现不过偶然有商业上的前途，我们不能从中取利。何况镭是对病人有好处的，我们不应当借此来谋利，那样我会良心不安的。”

她丝毫不想说服她的丈夫，她猜到他只是出于谨慎才说要取得专利，也明白丈夫不过是不忍心看到自己生活太苦；而她自己十分坚决地说出来的话，正表明了他们两个人的感觉，表示他们对于学者职责的正确概念。

在寂静中，皮埃尔重述玛丽的话，像是一个回音：“我们不能这么办，这是违反科学精神的。”

他安心了，看了一眼妻子，拉着玛丽的手说：“我听你的。今天晚上我就写信给美国工程师们，把他们所要的资料给他们。”

在这次星期日早晨的简短的一刻钟谈话之后，皮埃尔和玛丽骑着他们心爱的自行车，向克拉麻的树林驰去。

他们已经在贫苦和财富之间作了永久的选择。那一晚，他们疲倦地归来，臂中抱满了田野生长的绿叶和鲜花。

他们在法国已经被授予几种科学奖：皮埃尔在1895年获得了普朗特奖金，在1901年获得了拉卡北奖金。玛丽得过三次若涅奖金。第一个适合居里夫妇才干的职位，是瑞士提供的，而给予他们最初几个荣誉的，却是英国。在1903年6月，著名的皇家科学会正式邀请皮埃尔·居里前往举行镭的讲座时，他们还没有得到法国任何使他们的名字增光的褒奖。这个物理学家接受了邀请，同他的夫人一起到伦敦去参加这次隆重的盛会。

接待他们的是老熟人克尔文勋爵。这个有名望的长者把居里夫妇的成功看作是自己的事，把他们的研究引以为豪，好像这些研究是他自己的成绩。他带他们去参观自己的实验室，在去的路上，这个老人慈父般地用一只手臂搂着皮埃尔的肩膀，并以真挚动人的愉快神色把巴黎给他带去的礼物指给他的合作者看。那真是物理学家的礼物——封在玻璃瓶里的一克贵重的镭。

举行讲座的那一晚，克尔文勋爵坐在玛丽旁边，玛丽是被允许参加皇家科学协会会议的第一个妇女。这是对玛丽在物理学上巨大成果的一种肯定。英国的学者都聚在那个挤满了人的礼堂里。满怀激动的皮埃尔用法语慢慢地叙述镭的特性，然后他请人将房间的窗户都遮起来，将用来照明的灯火全部灭掉，作了几种惊人的实验：镭能使远处的一个金箔验电器放电，使一个硫化锌的屏蔽放磷光，他在黑纸包裹的照相底版上留影，这种惊人的物质能自发放热。这一讲座内容第二天被许多人知道，大家都不敢相信，“居里教授和夫人”被邀请参加许多晚餐和宴会。更多英国人希望可以见见这对夫妇，并且当面请教一些问题，好解答自己内心的疑惑。

皮埃尔和玛丽参加这些盛大的招待会，听着人们祝他们幸运的声音。皮埃尔穿着他在P.C.N学部讲课时穿的那件已经磨得有点发亮的旧礼服，虽然他极力客气，仍不免给人“心不在焉”的印象，显得很费力才能了解人们恭维他的话。玛丽不安地感觉到有成千只眼睛在注视自己，仿佛自己已经不是人类而是怪物，或者自己是外星人一样，但她不知道那些人只是对这个物理学家的性别极其感兴趣。

她的衣服是黑色的，领口开得很小，衣服也很旧。她那双被酸液烧坏的手上，别说是饰物，就连婚戒都没有。在她旁边，这个邻国里最美丽的钻石就在一些裸露的脖子上闪闪发光。玛丽看着这些珠宝由衷地高兴，就连一向漫不经心的皮埃尔也在注视这些项链，他们的目光完全被这些“金刚石颈饰”所吸引。

当晚，她躺在床上，对着身边的皮埃尔说：“我简直想不到世上有这样的珠宝，真是美极了！”

几天之后，居里夫妇回到巴黎，回到自己熟悉的棚屋。他们已经与伦敦结下了很牢固的友谊，并有几个大的合作方案将会在不久以后一一展开合作。

1903年11月，一封信通知居里先生和夫人，伦敦的皇家学会把该会的最高奖戴维奖章赠给他们，以表敬重。

由于玛丽身体不舒服，这次只有皮埃尔一个人单独去了伦敦，当他从英国回来时，在他的行李箱中多了一枚很重的金奖章，上面刻着他们两个人的名字。他捧着奖章，四处打量这个自己再熟悉不过的房子，想给这枚奖章找个地方安放，但他并没有很好的办法，最后只好丢给六岁的女儿伊蕾娜，让女儿来保管，这一举动让小伊蕾娜开心极了。

有一天，玛丽的一位朋友来她家做客，看见她的小女儿正在玩英国皇家学会刚刚颁发给她的金质奖章，立即惊讶地说："夫人，能够得到一枚英国皇家学会的奖章，那是极高的荣誉，你怎么能给孩子玩呢？"居里夫人笑了笑说："我是想让孩子从小就知道，荣誉就像玩具，只能玩玩而已，绝不能看得太重，否则就将一事无成。"

在1903年12月10日的斯德哥尔摩科学院的"正式常会"上，经过慎重地的评定，大会最后决定把当年的诺贝尔物理学奖金一半授予贝克勒尔，另一半授予居里先生和夫人，奖励他们在放射性方面的种种发现。这是巨大的荣耀，是肯定也是鼓励，是褒奖也是勉励。

但是皮埃尔和玛丽身体都不好，而且工作太忙，没有空闲时间，所以他们没有参加这次聚会，而是请法国公使代表他们从瑞典国王手中领取奖状和金奖章。他们并不太在意这些奖项，因为在他们心里诺贝尔奖金只代表一件事：授予7万金法郎奖金，是瑞典学者对两个同行的工作的推重。所以这样的财富不"违反科学精神"，可以放心使用。这笔财富对于此时的居里夫妇来说，无疑是雪中送炭。

玛丽对于这些钱的使用，也有用于自己的安排，她在克勒曼大道的房子里装设了一个"新式"浴室，并且把一间小屋子里的褪色窗帘换成新的，仅此而已。

虽然各种荣耀集于一身，但是玛丽并没有准备好好休息，相反，她以更大的热情投入到试验中。可是在接下来的一段时间里，玛丽感到很苦闷，她的继续试验研究计划受到了严重的阻碍。

1903年差不多是居里夫妇一生中最混乱的时期。按照他们的年龄以及已经取得的经验，他们应该在放射学方面继续自己的研究，完成自己的使命。他们需要工作，需要大量的时间来进行各种各样的实验，需要推算验证自己的各种想法。

但是诺贝尔奖金授予居里夫妇的消息一公布，他们立即成了世界名人，成为千百万的男子、妇女、哲学家、工人、教授、资产阶级、上流社会的人的关注焦点，这些人都把注意力集中到他们身上。他们不明白此时的放射学还仅仅处于萌芽状态，还需要继续深入研究发展。在普通人看来，放射学已经是一门成熟学科了，已经不需要发展了。他们要窥探这对夫妇的惊人秘密，因为这两个学者的天才、生活和大公无私的精神，已经成了一种传奇。

当时的报纸上有一张皮埃尔和玛丽的相片报纸形容玛丽是“一个金色头发的年轻妇人，风度优雅，身材苗条”，“一个可爱的母亲，感觉敏锐，同时对于深奥的事物有一种好奇的精神”还刊登了他们的“可爱的小女儿”和一只在饭厅里火炉前缩成一团的猫的相片。这些相片旁边用很美的文字描写那所小房子和实验室，他们将那个简陋的房子描述成“贤士之庐”，他们的家成了一所“可爱的住房，地址很远，在巴黎的偏僻寂静的区域内，在城堡的荫蔽之下，里面隐藏着两个大学者的亲密快乐”。

而那个棚屋也成名了。

一个美国记者从美国赶来，希望可以见到这对传说中的夫妇，她向人打探玛丽的住址。当她来到这个举世闻名的棚屋前时，她心里有些震惊，她没想到这儿是那么的破旧，她不知道怎么进去。这时候棚屋的门刚好打开，一个穿着破旧的妇女从里面走了出来。这个女记者立即走上前去，希望自己没有走错地方。“您好，请问这是居里夫妇的……哦，天啊，请原谅我的冒昧，请问您是玛丽·居里吗？”当女记者看清这位妇人的面容时，内心满是震惊。

居里夫妇没法拒绝访问，只好封锁他们的门，将自己关在那个从此有了历史价值的简陋实验室里。他们已经没有完全属于自己的私生活了，他们获得了尊重的同时，更多关于他们的事迹也被报纸一一刊载了出来。

3. 晴天霹雳

居里夫妇的关门工作并没有得到多数人的理解，反而以一种畸形的形式演变成各种恶意的嘲讽，报纸上登载居里先生和夫人偶然失去一部分存镭，一个剧院里就立刻上演讽刺剧，剧中这对夫妇把自己关在棚屋里，不许任何人进去，自己扫地，并且滑稽地在戏台四隅找那丢失的物质。各种嘲弄和攻击都有。玛丽并不在乎这些，正如后来传言说她与郎之万有不伦恋情的时候一样，她保持了沉默。

他们的荣誉越大，他们的不安越甚。他们越是出名，人们就越喜欢谈论他们，也就越喜欢给这对夫妇加上一些名头，从而形成一些八卦新闻。

当然荣誉一定也会给居里夫妇带来一些利益：教席、实验室、合作者以及盼望已久的经费，这是相辅相成的。不过这些好处什么时候才来到？他们一直在焦急的等待。

这对一对热衷于默默进行自己科学研究的夫妻来说，是一种莫大的折磨。不关门会被很多人打扰自己的研究，关上门又会遭受到很多的猜测和莫名其妙的嘲讽。居里夫妇现在有一个新的理由要过“野人生活”，他们要逃避好奇的人们，逃离人们的眼睛。他们去偏僻的村庄，甚至在乡下的旅店里过夜，他们总是用假名字登记。他们希望这种人为的“自我消失”会让人们淡忘自己。

但是他们最好的化装，还是他们的本来面目。如果在一条空荡荡的路上看见一个衣着简单的笨手笨脚的男子，推着一辆自行车向前走，陪伴他的是一个装束像农村妇女的女子，谁会想到他们就是诺贝尔奖获得者？

玛丽已经失去了她的热情和愉快。她自己的生活被完全破坏了，她不像皮埃尔那样完全潜心于科学思想。她不能够做到熟视无睹，每日发生的事影响她的感觉和神经，使得她的情绪也变得很坏。

皮埃尔因为身体上的病痛，感觉到一种重大威胁，每每为时间消逝而不安。他担心自己时日无多，他是在与一个看不见的仇敌比赛速度。他亲切地向他的妻子絮语，使玛丽心中感到不安。不过，玛丽和他很快达成一致观点：他们必须加快研究的节奏，必须利用每一分每一秒，必须每天在实验室里多待几个小时。

她服从他，但是她觉得脑力和体力都很疲乏。这不是说玛丽的身体又突然变差了，事实上她的身体虽然一直没有好过，但似乎也没有更特别过。实际原因很简单，这个36岁的妇人生活劳苦，受折磨太久了，脑力与体力都严重超支。按照她现在的状况，她最好的做法是什么事都不做地好好休养一段时间，但是这对于这个举世闻名的“居里夫人”而言，简直和将她关进监狱一样令她难受。

到了快第二次分娩的时候，玛丽虚弱到了极点，身体的能量似乎被腹中的婴儿给完全吸收了去。除了她的丈夫，她不爱任何东西：不爱生活，不爱科学，甚至于也不爱将出生的小孩，而她的丈夫的健康又无时无刻不使她忧虑。

当布洛尼亚从波兰来照料她生产的时候，这个从小就和玛丽关系亲切的姐姐惊呆了，她眼前的玛丽已经失去了往日的灵动活泼模样，变得有些苍老。

她不断地重复说：“我为什么又要送一个生命到世上来？人生太艰苦，太乏味。我们不应该使无辜的生灵受这种折磨。”

分娩很痛苦而且时间很长。终于，在1904年12月6日，一个头上竖着黑发的肥胖的婴儿来到了这个世上。又是一个女儿，居里夫人给孩子取名叫艾芙。

新生婴儿的微笑和嬉戏，使这个年轻的母亲感到愉快，仿佛体内重新获得了生气。她在一本灰色笔记本里，随时记载艾芙最早会做的姿势和开始长出的牙齿以及什么时候开始牙牙学语，正如以前对待伊蕾娜那样。玛丽的精神状态随着这个婴儿的发育渐渐好转。加上这段时间的休息，使得她的身体状况快速好转，她又以愉快的心情去接触她的仪器，接触那些放射性物质。不久后她又回到赛福尔去教课了。

天气晴朗，皮埃尔觉得健康多了，玛丽身体也恢复得很好了。现在他们应该履行一再拖延的责任——到斯德哥尔摩去做诺贝尔讲演。

1905年6月6日，皮埃尔代表他的妻子和他本人，在斯德哥尔摩的科学院讲演。他追溯镭的发现，并在最后对镭今后的应用领域作了一些预测。

克勒曼大道的房子像堡垒一样，拒绝闲人闯入；皮埃尔和玛丽在里面仍旧过着简单隐遁的生活。家务方面，烦心的事已经大为减少。一个干粗活的女仆承担了一切重活，一个打杂的女佣人料理烹饪。她总是希望可以得到这个奇怪的雇主的称赞，但是每次都很失望。终于有一次，她忍受不了，站在皮埃尔面前，用坚决的语调问他觉得他刚才吃了很多的煎牛排做得怎么样，但是他的回答却使她哭笑不得。

这个学者喃喃地说："我吃了煎牛排么？"然后又表示和解地加上一句："可能吃了罢！"

这对夫妇晚间大半是穿着睡衣和拖鞋，在家里翻阅最新的科学出版物，或是在笔记本上作复杂的演算。当然，他们也没有完全脱离这个社会，只在自己的小世界生活。有时候他们也到绘画展览会去，一年里也有七八次在音乐会和戏院里消磨两小时不过这样浪漫的时刻并不多。

居里夫妇的巨大成就开辟了一个新纪元。法国科学界注意到他们，并且愿意支持他们继续研究。而法国支持他们的一个明显同时也是必不可少的标志就是把皮埃尔选为科学院院士，彻底将居里夫妇拉到自己的阵营来。这个学者第二次受到拜访的磨难。支持他的人们唯恐他的行动不像“明智的候选人”，于是纷纷来劝告这位一心扑在科学研究上的中年男子。

经过激烈地竞选，皮埃尔·居里以极小的优势打败自己的竞选对手哲内先生，如愿以偿地在1905年7月3日进入了科学院。

皮埃尔不甚钦佩这个科学院。在另一方面，他密切地注意巴黎大学为他提供的待遇。校长李亚尔已经在1904年为他设了一个物理学教席，这是他期待了很久的实任教授的位置。当皮埃尔接到这个消息的时候兴奋得差点跳了起来，但是紧接着的是一盆凉水。原以为自己在接受这个晋升之后，就能如愿获得一个属于自己的实验室，但是很快他就得到了一个令他十分痛苦的消息。

这两个诺贝尔奖金获得者，镭的“父母”，发现皮埃尔如离开P.C.N学部而到索尔本任教将会使他们重新面临没有实验地方的尴尬境地。新职务没有给他带来工作的地方，而P.C.N学部供给的两间屋子当然须给继任者，他们只好在街上做实验了。这是多么令人发狂的消息啊！

皮埃尔用他那美妙的文笔，给他的上司们写了一封客气而坚决的信，新职位既然不供给工作室，也不供给研究经费，他愿意辞职，仍留在P.C.N学部，继续自己已经干了很多年的工作。在那个小地方，玛丽和他倒还可以多少做一些有用的工作，进行一些自己的实验，继续自己的放射学研究。

又经过几次商议，巴黎大学最后作了一个非常举动，请求议院创设一个实验室并拨款5万法郎。这已经是巴黎大学所能做的最大让步了，这个提议经过议院的克扣，最后还是勉强通过了。但是索尔本里面是找不到任何地方给皮埃尔，不过他们可以在居维埃路给他修建两间屋子，每年可以给居里先生12000法郎经费，外加34000法郎设备经费。这笔经费已经不少了，于是皮埃尔也同意了这个方式的聘任。天真的皮埃尔以为他可以用“设备费”购买仪器，添全他的器材。不错，他可以这样用，但是前提是这所谓的设备经费还需要扣除建造房屋所花费的资金，当局是把建筑费和“设备费”当作一件事的。这使得原本就不太多的经费再次缩水。

有一个有钱的妇人知道了居里夫妇的状况，出于对热爱科学的学者的敬重，自愿帮助居里夫妇，并提议给他们在安静的郊外建一个研究院。这样的帮助对居里夫妇而言真是太及时了！皮埃尔·居里有了希望，他把计划和愿望对她一一陈述。而让玛丽从内心感到高兴的是皮埃尔从此将有三个合作者：一个实验室主任，一个助手，一个工人。

实验室主任就是玛丽。当然，实际情况不过是容许这个年轻的妇人在实验室里工作而已。玛丽所完成的关于镭的研究，即没有名义也没有报酬。到1904年11月学校才给她固定的职位和薪金——一年2400法郎。也直到这个时候，她才第一次正式进入她丈夫的实验室，成为法律认可的皮埃尔的助手。

他们适应着新的生活。皮埃尔备课，玛丽仍和从前一样在赛福尔教书，在完成各自的工作之后，两个人在居维埃路那个新建的实验室里见面。安德烈·德比尔纳、阿尔伯·拉伯德、美国人杜亚纳教授，还有几个助手或学生，都在这个实验室里继续研究，每一个人都低头看着他们刚买不久的用来做实验的不坚固的设备。虽然这些仪器依然显得很简陋，不过这些学者已经感到比较满意了。

1906年复活节，天气很好，皮埃尔和玛丽在舍夫律兹－圣瑞米的安静的房子里过了几天。他们恢复了乡下习惯，每晚带着女儿到附近的农庄去取牛奶。艾芙刚14个月，脚步很不稳，一摇一摆地在小路上走着，惹得皮埃尔在一旁哈哈大笑。这是一段十分愉快的时光。

1906年4月19日，这个星期四显得很阴郁，天一直在下雨，阴沉沉的。居里夫妇虽然在专心工作，却仍不能忘掉这四月的骤雨。那天皮埃尔要参加理学院教授联合会的聚餐，要去拜访负责给他发表论文的编辑高替叶·维亚尔，到他那里去看校样，之后他还要赶到科学院去。玛丽也有几堂课要教。

在早晨的匆忙中，这对夫妇几乎彼此没有见面。

皮埃尔在楼下喊玛丽，问她是否到实验室去，玛丽正在楼上给伊蕾娜和艾芙穿衣服，回答说她今天一定没有工夫去。皮埃尔没听清楚玛丽的话，只听到一个模糊的音节“不”，皮埃尔忙着出去，关了大门，很快地走了。从早上起来，皮埃尔就觉得有什么地方不对劲，总觉得会发生什么事情一样。正是这样的感觉使得他心中有些烦躁，也使他没有再问玛丽要不要去实验室。

玛丽在家里与女儿们和居里大夫一起吃午餐的时候，皮埃尔正在饭店里和他的同事们用餐并交谈大家感兴趣的话题。在将近两点半钟的时候，他微笑着站起来向朋友们告辞，并且和准备当天晚上见面的让·佩韩握手。走到门口，他不在意地看了看天空，这样的天给人一种想哭的感觉，他深吸一口气，然后打开他的大雨伞，在倾盆大雨中向塞纳区走去。

他到高替叶·维亚尔那里的时候看见门关着——工人们罢工

了。于是他转身离开，走上了多非纳路。马车夫的喊声、附近码头上开过的电车发出的刺耳响声，使这条街变得十分喧闹。他已经在沥青路上跟着一辆出租马车走了一会儿。到了这条街与码头交汇的地方，人声鼎沸，就像走进了菜市场一样。一辆开往贡德的电车刚刚沿河驶过，两匹马拉的一辆四轮重货车正由桥上过来，横越车轨，疾驰进入多非纳路。

皮埃尔想穿过马路，走到对面去。他心不在焉地突然移动，离开出租马车给他的掩护，这辆车的车厢遮住了他的视线，以至于他根本没有发觉自己已经进入了一个危险地带。他向左走了几步，撞到一头喷着热气的牲口。那辆货车这时候正靠近这辆马车，他撞的是拉车的一匹马。两辆马车旋风一般地挨近了，皮埃尔吃了一惊，拙笨地移动了一下，想贴在马胸前，但它突然后腿站起。皮埃尔惊慌之下不慎滑倒，皮埃尔已经跌在两匹马的铁蹄下了，情况危急。路人大声喊着："站住，站住！"马夫急忙拉紧缰绳，却毫无用处，两匹马擦肩奔驰离去。

皮埃尔倒在地上，他恰巧在两匹马碰撞的缝隙中，并未受伤。他没有喊，差不多也没有移动，马蹄和货车的两个前轮从他身体两旁过去，并没有碰伤他。但是那辆极大的车，载着六吨重的东西，来不及停下来，左边的后轮瞬间将皮埃尔的脑袋轧碎，红白色液体喷了一地。他来不及想任何东西就完全失去了知觉。

几个警察抬起那具瞬间就被夺去生命的还有热气的躯体。他们连着叫了好几辆出租马车，但是车夫都不愿意把一个鲜血淋漓的沾满泥污的尸体放在车里。等了好几分钟，有两个人抬来了一副担架，他们把尸体放上去，在一间毫无用处的药房里停了一下，才抬到附近的警察分局去。警察从皮埃尔的身上找到他的钱包，检查他的证件。风声马上传了出去，说死者是皮埃尔·居里，一个教授，一个获得诺贝尔奖不久的著名学者。群中立刻爆发了一阵的骚动，许多人握拳要打马车夫马南，警察不得不出来干涉，保护马车夫的安全。

医生用海绵将那张满是泥污的脸洗净，细看头上很大的伤口，发现原本是一块的颅骨已经成为16块碎骨。警察用电话通知了理学院，不久，在格昂奥古斯丹路的小警察分局里，深表同情的一个分局长和一个秘书看着这个物理学家的助手克莱尔先生俯身恸哭。这真是一个灾难！

祸患突然降临居里的家门。一些汽车和出租马车，沿着巴黎旧城墙飞快行驶，接着在荒凉的克勒曼大道停住。共和国总统府派来的人在居里夫妇的门前按铃，听说“居里夫人没有回来”，没有说明来由就走了。过了没多久，铃又响了，理学院院长保罗·阿佩尔和让·佩韩教授走了进来。

只有皮埃尔的父亲和一个女仆在这所空荡荡的房子里。皮埃尔的父亲看见这些重要的客人觉得惊讶，心中还有许多疑惑，但还是立刻上前迎接这两个人，不过他发现了一些不正常的地方，他看见客人的脸色显得很慌乱。保罗·阿佩尔奉命先通知玛丽，所以在玛丽没有回家之前他们一直保持一种尴尬的沉默。

到了六点钟，锁孔里有钥匙转动的声音，玛丽出现在客厅门口，愉快而活泼。当她看见屋子里的人之后，心中便有一种奇怪的感觉，觉得气氛不对劲。当她从保罗·阿佩尔那里知道了事情的大概经过之后，她那极其聪明的脑子似乎转不过来了。经过长时间的可怕的寂静，她的嘴唇终于动了，她低声问着，渴望听到什么否认的话："皮埃尔死了？死了？真的死了？"

玛丽·居里并没有由一个幸福的年轻妻子变成无法安慰的孀妇。她的改变不是简单的，却比较严重。玛丽心碎了，她的错乱思想中的无名恐怖过于强烈，已经无法借助诉苦或谈心表示出来。"皮埃尔死了"，这几个字一传到她的意识中，立刻就有一种孤寂和难言之隐笼罩她的心头，永远摆脱不掉。仿佛在玛丽的人生中突然少了什么重要的东西，而她只能在记忆中苦苦搜寻！她的眼睛是干的，脸色苍白得发灰，似乎听不见前来安慰自己的人在说什么，很费力才能回答一些最迫切的问题。她用几句简洁的话拒绝剖验——法律调查的最后一道手续，并且要求把皮埃尔的尸体移回克勒曼大道。她请求她的朋友佩韩夫人，将伊蕾娜留在她家几天。她发了一个电报到华沙，"皮埃尔因意外事故去世。"然后她到那潮湿的花园去坐下来，失去所有气力和生气地等待着皮埃尔的遗体运回。

有人先给她送来了在皮埃尔衣袋里找着的几件可怜的遗物：一支自来水笔，几把钥匙，一个皮夹，一只表。表还在走，表上面的玻璃也没有碎。在晚上八点钟，一辆救护车停在这所房子前面。玛丽爬上车去，在半明半暗中看见那张平静和蔼的脸。

担架很费事地慢慢抬进窄门。安德烈·德比尔纳曾到警察分局去运回皮埃尔的遗体，此刻又是他抬着这副悲哀的重担。他们把死者停在楼下一间屋子里，玛丽就在那里独自对着她的丈夫。

她吻他的脸，吻他那差不多还有热气的柔软身体，吻他那不再能屈伸的手。人们把她强拉到隔壁房间里去，不叫她看死者入殓。她像是毫无知觉地服从了，后来忽然想起不应该让任何别的人照料那个血污的遗体，她又回来了，抱住尸体死死不放。

第二天雅克·居里到了，玛丽的收紧的喉咙才放开，眼泪的闸门才打开，终于哭出来了。后来她又坚定起，来在房子里徘徊，问人是否已经照常给艾芙梳洗。她到花园去叫伊蕾娜，隔着栅栏和孩子说话。她告诉孩子她爸爸的头上受了重伤，需要安静。这个无忧无虑的小孩就又去玩耍了。

玛丽失去了伴侣，世界失去了一个伟大的人物。玛丽的心也在这一刻变得冰凉，她已经忘记了自己的科学，忘记了镭，忘记了自己还要去做实验。

皮埃尔这样残酷地在雨中和泥中长辞人世，惊动了世界，各国报纸都用好几个版面篇幅哀婉动人地报道了多非纳路的不幸事件。许多表示同情的函电纷纷送到克勒曼大道，署名有国王，有部长，有诗人，有学者，还有一些不知名的人。在成捆的函件、文章、电报之中，有一些有真正感情的呼声。

玛丽成了一架机器，甚至她的孩子的目光都不能唤醒她的感情。她行动呆滞，精神恍惚，似乎已经离开了活着的人们。

第六章　献身科学

1. 进入索尔本大学理学院

皮埃尔·居里之死，引起了一些重大问题：皮埃尔遗留下来的研究工作怎样进行？他在索尔本的教职怎么办？玛丽的前途如何？

当局和居里一家交换意见，颇费踌躇。她的亲人们低声讨论着这些问题，听着接踵来到克勒曼大道的部里和学校里的代表的建议。大学有意留玛丽在学校里工作，可是给她什么头衔？叫她在哪个实验室里工作？能叫这个有天才的妇人听一个主任的指挥么？到哪里去找一个能够领导皮埃尔·居里实验室的教授？

葬礼举行后的第二天，政府提议给皮埃尔·居里的遗孀和遗孤一笔国家抚恤金。雅克征求玛丽的意见，她完全拒绝，她说："我不要抚恤金。我还年轻，能挣钱维持我和我的女儿们的生活。"在这突然加强的说话声中，第一次响起了她惯有勇气的微弱回音。有人问起居里夫人自己的打算时，她茫然地回答说，她还不能考虑，她不知道法国的最高教职将第一次给了一个妇人。玛丽心不在焉地听着她公公对她叙述她应该接受的重大任务的一些细节时，她只用几个字回答："我试一试吧。"

1906年5月13日，理学院会议一致决定将留给皮埃尔·居里的教席职位以"代课教师"的名义给予玛丽。

人们钦佩玛丽，她在一个有天才的人支援她的时候，既能够料理家务，又能够完成她所担负的伟大的科学工作。但是人们也从心里认为她不可能过更艰苦的生活，也不可能做出更大的努力，更加不会取得更高的成就了。

“居里夫人”所担负的责任，会把一个健壮、幸福而且勇敢的男子吓倒。玛丽心情沉重，但是性格刚强倔强的她还是从丈夫猝死的阴影中慢慢恢复了过来，并以一种更为疯狂的态度继续自己的研究。

她必须抚养两个孩子，承担供给自己和她们的生活费用以及今后的教育费用，并且出色地承担一个教授职务。她失去了皮埃尔·居里，然而她必须把她与这个伴侣一同从事的研究道路继续走下去。皮埃尔的助手和学生得由她来指示和教导，此外还有一个主要的使命，就是完成皮埃尔未能完成的梦想：创立一个对得起皮埃尔的实验室，使青年研究者能在这里充分发展放射学。

玛丽操心的第一件事，是要让她的女儿们和她的公公能过上健康的生活。她在梭镇的舍曼得费尔路租了一所不甚雅致的住房，但是附有一座可爱的花园，很适合孩子和老人。居里大夫在这里独自住在一侧分开的屋子里。伊蕾娜得到一块地，随她自由栽种，她觉得快乐极了。艾芙由保姆照看着，在草地上里打她喜欢的龟，并且在屋角追黑猫或花猫。

居里夫人为这种安排所付出的代价是额外的疲劳：由住处到实验室须坐半小时火车。不过为了家人，她自己完全不觉得累，似乎从很久以前她就忘记了什么叫做疲惫。每天早晨，人们都看见她迈着急促的优美步伐到车站去，像一个竞走运动员一样。这个身穿重孝的妇人永远搭乘那趟气味不好的列车，永远走进那个二等车厢，她的身影不久就为这条路线上常走的旅客所熟悉。

她很少有时间回梭镇吃午饭，因为往返时间太长而且会花费一些车费，所以她常到拉丁区那边的小饭馆去解决午餐问题。这是她从前和现在一样独自去的地方，所不同的，只是她那时候年轻，充满了不自觉的希望，而现在已经心灰意冷，如果不是为了实现皮埃尔的愿望，她几乎都撑不下去了。

或者，她就在实验室里来回踱着，慢慢咀嚼一个面包和一个果子。

晚上她常常很晚才乘火车回家，家里已经亮了灯。

在冬天，她到家后第一件事，是去看看前厅里的火炉，自己添煤捅火。她深信世上只有她最会生火，而她也确实知道如何先放纸和劈柴，上面再加上无烟煤或劈柴，像艺术家或化学家一样地安排一切。等那个火炉冒起了火焰，玛丽觉得满意了，就躺在沙发上休息。辛苦了一天，这时候她才喘过气来。

在这几年的悲哀时期中，经布洛尼亚请求，约瑟夫·斯可罗多夫斯基的妻妹玛利亚·卡米安斯卡应允在居里家里当家庭女教师和管家。她在这里使玛丽觉得与波兰靠近了一些。后来卡米安斯卡女士因身体不好，不得不回华沙，后来是一些别的波兰保姆代替她照料伊蕾娜和艾芙。不过这些人都不如那个温柔的妇人可靠。

在这段时间里，给玛丽最大帮助的是皮埃尔的父亲居里大夫。皮埃尔意外死亡，白发人送黑发人对这个老人而言简直是一场大灾难，但是这个老人能从他信仰的理性主义中汲取某种勇气。这是玛丽学不来做不到的。皮埃尔下葬之后，他从来不到墓地去。既然皮埃尔已经完全消灭了，他不让皮埃尔的幽灵来折磨自己。他轻视那些无益的悔恨，轻视对于坟墓的崇拜。

这位老人在1910年2月25日去世。梭镇的墓地在冬季很冷，阴森恐怖，玛丽在那里要求掘墓穴的人做了一件出乎意料之外的工作：她要他们把皮埃尔·居里的棺木由穴中移出，把居里大夫的棺木放在最底下，再把皮埃尔的棺木放下去。并且在皮埃尔的棺木上面预留了一个空地方，准备将来自己用，因为她愿意与她的丈夫同穴，死后永不分离，这是她一早就想好了的。

玛丽继续在赛福尔教书。她在索尔本被聘为“实任教授”，教放射学，是世界上第一个也是当时唯一教授这种新科目的人。玛丽依然将全部精力都投入了疯狂的工作。虽然她觉得法国中等教育有不少缺点，可是她对于高等教育深为钦佩，一个大学能顺应时代潮流开设自己的专业和科目，这绝对是值得尊敬的举动。不久玛丽开始着手编写她的讲义，在1910年出版了一本杰出的《放射学专论》，共971页，居里夫妇宣布发现镭还是不久以前的事，从那时起所得到的关于放射性方面的知识，竟然需要这么多的文字才能囊括。

这本著作前面放的不是著者的像，而是一张她丈夫的相片。在两年以前的1908年，另一本600页的书里也放了这张相片，那本书叫做《皮埃尔·居里文集》，是玛丽整理修订后出版的。

这个孀妇给那本书写了一篇序，很克制地悼惜他那不幸的死，尽可能公正客观地追述皮埃尔的一生。

2. 新的放射元素的研究

居里夫人的学生人数与日俱增。美国慈善家安德鲁·卡内基在1907年赠给玛丽一笔资金，使她可以接受一些新生。这群新生中有一个天赋极好、身材很高的男孩莫里斯·居里，他是雅克·居里的儿子，在这个实验室里开始他的科学生涯，玛丽为侄子的成功感到骄傲，她始终像母亲一样仁慈地对待他。

玛丽有一个新研究计划。虽然她的健康日见衰退，但她仍把计划完成得很好。她提炼了几公厘氯化镭并且第二次确定了这种物质的分子量。然后她着手离析金属镭。之前所提炼的纯镭事实上并不纯，只不过是当时能做到的镭的唯一固定状态。现在玛丽·居里与安德烈·德比尔纳合作，终于获得突破，离析金属镭成功——它能耐受大气因素的作用而不变质。安德烈·德比尔纳帮助居里夫人研究钋射线。后来玛丽单独工作，发现一种用镭射气确定镭的分量的方法。她发表《放射性元素分类》和《放射性常数表》，同时她完成了另外一项有普遍意义的工作——制备镭的第一国际计量单位。玛丽很激动地亲手封好一个内装21毫克纯氯化镭的玻璃试管，郑重地把它存放在赛福尔国际度量衡标准局：这就是后来通行五大洲的计量单位的标准。

继居里夫妇的荣誉之后，居里夫人个人的声誉日见隆盛。从1906年成为阿根廷科学学会通讯会员起，1907年，她成为荷兰科学学会外国会员，同年获得爱丁堡大学名誉博士。1908年，她成为圣彼得堡帝国科学院通讯院士和布朗斯威克自然科学学会名誉会员。1909年，她陆续获得日内瓦大学名誉医学博士、费城药剂学院名誉职员头衔并成为波伦亚科学院通讯院士、捷克科学文学艺术学士院外国合作院士和克拉科夫科学院现任院士。1910年，她又成为智利科学院现任院士、美国哲学学会会员、瑞典皇家科学院外国院士、美国化学学会会员和伦敦物理学会名誉会员。梭镇的那所住房的抽屉里，塞满了名誉博士学位的文凭和外国科学院通讯院士的证书。

法国对健在的伟大人物表示尊崇有两种办法：给予荣誉勋位和科学院院士头衔。1910年拟授予玛丽以骑士十字勋章，但是她受了皮埃尔·居里的态度的启发，拒绝接受。但是她不能拒绝成为科学院院士，她想如果拒绝第二祖国给她的这种崇高的科学荣誉，恐怕就不是一件简单的事了。但玛丽·居里最后以一票之差落选。

在1911年的12月，斯德哥尔摩的科学院为了确认居里夫人在她丈夫去世后所完成的出色工作，授予她诺贝尔化学奖。这真是一个突破性的决定，之前还没有谁能在两个领域获得诺贝尔奖。

玛丽请布洛尼亚陪她去瑞典，并且把大女儿伊蕾娜也带去了。这个孩子在24年后再次参加了这种庄严的集会，而那次集会是为了庆祝她自己获得诺贝尔奖。

一项伟大的发现，一种传遍的声望，两次获得诺贝尔奖，使当时许多人钦羡玛丽，因此也就使许多人仇视她。在荣誉的背后，有许多人开始“愤愤不平”，因为这个时候许多关于玛丽的流言蜚语肆意泛滥。

自从1905年革命发生之后，沙皇政府逐渐动摇，对于思想自由做了一些让步，华沙的生活条件也不像以前那样严酷了。1911年，华沙一个较独立的很活跃的科学协会请玛丽做“名誉会员”。几个月后，那些知识分子想到一个伟大的计划：他们要在华沙创设一个放射学实验室并请居里夫人来领导这个实验室，这样就可以把这个世界上最伟大的女学者永远留在祖国。这对玛丽自己而言也是一个很好的躲避那些莫名其妙的诽谤的方式。但是玛丽从来不受怨恨的驱遣，她急切地、真诚地考虑自己的责任所在。回国这个主意很吸引她，但是她的身体已经很虚弱了，经不起折腾，另外她和皮埃尔共同建立的实验室在巴黎，她不忍心看着这个实验室没落，她内心深处不允许她抛弃这个实验室。思归的心情使她犹疑许久，最后还是写了一封辞谢的信寄往华沙。她仍然答应在远处领导这个新实验室，并且把它交给两个最好的助手去实地管理。

1913年，玛丽回到华沙去参加放射学实验室落成典礼，此时她的身体依旧很不舒服。俄国当局对她的所有行动不予过问，于是她的祖国给她的欢迎更为热烈。玛丽平生第一次在一个挤得水泄不通的大礼堂里，用波兰语作科学讲演。那是一个令人激动的日子，许多年前的梦想终于在那一天实现了，她不用躲到深山里也一样可以用波兰语说话，而且还是在大庭广众之下。

居里夫人的健康逐渐好转。到1913年夏天，玛丽背着背囊徒步游历昂加地纳，想借此试试自己的体力。她的女儿和她们的保姆陪着她，这一组旅行者中还有阿尔伯特·爱因斯坦和他的儿子。几年来，居里夫人和爱因斯坦之间有极好的友谊，他们喜欢不断地讨论物理学理论。路途中，这个德国人不止一次阐发物体“相对性”，虽然还是一种理论雏形，但这也是很吸引人的。

在这次短期休假之后，玛丽去了英国，后来又去了布鲁塞尔，在那些地方有一些科学上的隆重仪式要她参加。她在伯明翰又接受了一个名誉博士学位。在法国，所有的暴风雨都过去了，这个女学者达到了光荣的极峰。两年以来，工程师内诺正在皮埃尔·居里路替她建筑镭研究院。

玛丽现在常从居维埃路跑到建筑工地去，在那里拟定计划并且与工程师讨论。她有一些最新、最“现代化”的意见，这些意见的主旨是想着她的这个花大力气建造的实验室可以用30年、50年，希望这个实验室在她化为灰尘之后仍然可以继续使用。她要求宽大的屋子，要求能使研究室充满阳光的大窗户，她还要一个升降梯，不管这种费钱的新设施会使政府派来的工程师如何气恼。她还用双手在没有盖成的墙脚下栽种蔷薇花。

1914年7月，玛丽的周围异常空旷。战争爆发了，她的同事和实验室中所有的工作者都已经入伍。她身边只剩下了她的机械师路易·拉果，因为他有心脏病，动员不动他，还有一个身材矮小的女仆。他们不适合参加战斗。

在这场可怕的战争变故中，她又表现出了她的主动精神。

关上了实验室的门，她只有一个念头——为她的第二祖国服务。她像许多勇敢的法国女子一样，去当一个白衣护士。她立刻取得了在卫生服务机关工作的证件。但是她很快发现这个机关的缺点：所有前线和后方的医院差不多都没有X光检查设备。

自从1895年伦琴发现X射线以来，不用动手术就可以探查人体内部，X光检查设备可以“看见”人的骨骼和器官，并且能以照片的形式展现出来。在1914年，法国只有有限的几套伦琴仪器，供放射科医生使用。军事卫生服务机关在几个大机构装备了这种设备，供战时使用。

居里夫人想出来一个办法，她用法国妇女联合会的款项，创造了第一辆“X光汽车”。她在一辆普通汽车里放了一架伦琴仪器和一个发电机，就用汽车的发动机带动发电机，供给伦琴仪器所需电流。这个可以移动的设备从1914年8月起巡回各医院。马纳战役的伤兵运送到巴黎来后，都用这个设备检查。这样一来就可以更充分地利用已有资源，只是玛丽他们几个人太累了。

德国军队的迅速推进，使玛丽面对一个急需解决的问题：是留是走。她现在担任的救护工作要她留在这里。她想到她的实验室，想到居维埃路的精密仪器，想到皮埃尔·居里路的新建筑。她想着：“我在这里，德国军队或许不敢抢夺它们，但是假如我离开了，所有的东西都会失踪。”

她把自己的女儿们托付她丈夫的哥哥雅克照料，然后自己毅然留了下来。

虽然玛丽能够从容地考虑住在被包围、被轰炸甚至于被占领的巴黎生活，然而有一件宝物——实验室所拥有的那一克镭——需要她保护。她不敢把这一点珍贵的东西交给任何人，她决定亲自把它运到波尔多去。

玛丽坐在一列满载政府人员和官员的火车里，身穿一件黑羊驼呢的防尘外衣，带着一个小行囊和一个装着许多小试管并且包了铅皮的匣子。她乘坐的这列兵车里，只有她一个是“平民”，这辆车慢得令人难以置信，有几次它在田野里一停就是好几个小时。在途中她听到一个惊天的好消息：巴黎得救了。玛丽接她的女儿们回来，艾芙回学校去，伊蕾娜取得护士文凭。

在战争开始的几个月里，她和伊蕾娜有过一次重要的商议。

她对她的女儿说：“政府要求个人捐助金子，并且不久就要发行公债。我想把我所有的金子捐出去，虽然那也很少，另外我还想加上我的那些对我毫无用处的科学奖章。还有一件事，纯粹因为懒惰，我把第二次诺贝尔奖金仍旧留在斯德哥尔摩，还是瑞典币。这是我们财产的主要部分。我要把它提回来买战时公债，因为国家需要它。这是个人为国家做一点事的时候了，但是我没有什么妄想，这笔钱多半会丢掉的，因此如果你不赞成，我绝不做这件‘蠢事’。”

玛丽自然明白战争的可怕，也明白现在的所谓购买国债，基本等于把自己的全部钱财泡汤。不过这些物质的东西对她而言没有任何吸引力。她只是作为一个母亲为自己女儿的未来打算，如果自己的女儿不情愿，她也可以用别的方式报效这个国家，而把那些财富留给女儿好使她们能生活得幸福。

这个从前的斯可罗多夫斯基小姐，重新想起她自己受压迫的童年和她青年时代的苦苦挣扎。这些记忆在炮火中重新沸腾起来，使得这个从前以虚伪和诡诈应付沙皇官员的女子焕发新生，她积极走动着，用自己的行动努力着。她不希望第二次被奴役、被压迫，所以她把自己的一切毫无保留地奉献给了祖国。

3. 科学服务人类

瑞典币换成了法郎，接着就变成公债、“国民捐款”、“自动捐献”，并且正如玛丽预料到的，似乎都泡汤了，回到自己手中的希望几乎没有了。居里夫人把她的金子送到法兰西银行，收款的职员接受了全部的金钱，但是却拒绝接受玛丽送过去的金质奖章，他们不认为将金质奖章拿去融化成黄金是可行的方法，或者他们仅仅觉得那样太过消耗时间吧。玛丽对此感到不舒服，她认为这种拜物主义是荒谬的，不过她也不觉得自己应该去纠正什么，只好耸了耸肩，然后将自己的奖章带回实验室。

玛丽的个人财富有限，她很清楚这一点，所以她觉得很有必要找一种更可行的方式来奉献，很快她就联想到自己的知识。镭和X射线一样，可以用于医疗，虽然目前不太清楚具体的效用，不过她相信自己可以经过短期的实验就可以获得自己想要的。玛丽把她的镭捐给一个“射气服务机构”使用。她每星期“加工”镭放出来的射气，把它装在管子里，用以治疗“恶性”伤痕和各种皮肤病，这样的贡献立即发挥了作用。

不过，玛丽很快就面临了一个难题——缺乏专业人才。玛丽对此很担心，她明白放射学不是很多人接触过的，所以知道这方面知识的人才也自然稀少。她只好开办并常设放射科训练班，期望在经过大量的专业的训练之后，这些人才能很快有用武之地。不久就有20个人聚在镭研究院学习初级课程，包括电学和X射线理论、解剖学。教授是玛丽·居里、伊蕾娜·居里和可爱而且博学的克兰小姐。至此，玛丽已经尽自己最大能力来贡献自己的力量了。

从1916年到1918年，玛丽训练了150个放射科护士，这些人是由社会各界招募来的，其中有些人教育程度很低。起初居里夫人如日中天的声望使她们感到害怕，但经过一段时间的接触以后，他们对这个中年妇人怀有极大的好感和敬重，他们心中一致认定玛丽是一个慈祥而和善的妇人。玛丽喜欢做事做到完美，这自然和她常年进行科学实验密不可分，所以当她的一个学生第一次完成一张没有毛病的X光照片时，她非常开心。

法国的盟支也相继求助于居里夫人。从1914年起，她时常到比利时的各医院去。1918年，她带着使命去了一次意大利北方，研究当地放射性物质的资源。之后，她迎来了约20名美国远征军战士到她的实验室来，并亲自教他们放射学。

1918年，她在实验室里惊讶地听到宣布停战的炮声，这令她十分激动。她和她的合作者玛特·克兰到附近的铺子里去找法国国旗，但是很失望的是所有的国旗已经被抢购一空了。她只好买了几块三种颜色的布料，请她的女仆巴的内夫人给缝在一起，形成一面国旗，再将它挂在镭研究院的大门前。她同克兰小姐上了那辆遍体鳞伤的X光汽车，由P.C.N学部的一个工人给她充当司机，在潮涌一般的快乐而又严肃的人群中驶过。到了贡科德广场时，人声鼎沸，到处都是欢呼声。在玛丽看来，这不是一个胜利，而是两个胜利，波兰从灰烬中再生，恢复了独立。玛丽的“爱国梦”在许多年前几乎使她牺牲她的事业，甚至于牺牲皮埃尔·居里的爱。现在这种梦想在她眼前成了事实！这一刻，她才发觉这些大声呼喊的噪音也是一种享受。

战争终于结束了，和平再次降临这个世界。玛丽看着那些被调来重建家园的人们，她非常有信心，在战火烧过的地方帮助那些曾经痛失了家园的人们重新建造出新的家园来。

无论是战败国还是战胜国，此时已无输赢之分，在平等的基础上恢复了学术上的往来。虽然玛丽能够选择放下战争带来的伤痛和耻辱，但是她完全做不到像有的同事那样以热情的态度对待战败国的学者。

她一般在会见德国物理学家前会事先了解那个人是否在《九·三宣言》上签过名。如果是签过名的人，她就会只是客套寒暄一下，不会深入交谈；如果没有签过名的人，她会比较和气地和他讨论研究领域的科学。这样的行为虽然没有多大作用，但完全可以看出她对于战争的厌恶，对欺压其他国家的一切行为的厌烦。她以自己无声的行动表达自身的抗议和尊严。她在战争期间救助了不少法国人，不主张战争的她向受苦难的人民伸出援手。作为一名知识分子，不光需要对科学的无比热忱，同样需要有一颗相信正义、坚持正义的公正仁爱的心。

当了妈妈的她用最无私的爱照顾着自己的两个女儿。无论发生了什么事情，她都是伊蕾娜和艾芙的母亲，甚至是朋友。孩子长大后又有了孩子，成为外婆的她依然用她母性的关怀照料着两代人。

可能由于居里夫人健康情况的好转，也可能是因为年龄变大的原因，她对凡事都不计较，处事态度也更加像一位阅历深厚、历经沧桑的老人。1920年5月的一个早上，一位名叫威廉·布朗·麦隆内的女人坐在了镭研究院小小的会客室里。她在纽约一家很大的杂志社当主编。她个人非常崇拜居里夫人，像追星族似的，对居里夫人的研究生活都很感兴趣。

麦隆内夫人曾经去到过美国很多富丽堂皇、设备精美豪华的实验室，比如爱迪生的实验室。相比之下，这所神秘的镭研究院的外观和陈设就太不值一提了。它的朴实风格是模仿法国大学的样子修建的。麦隆内夫人了解到镭正在匹兹堡的工厂里被大量制造，制成后又用火车送出去。她和居里夫人在一间简陋的办公室进行秘密谈话，其间她还问到居里夫人最想得到什么。

居里夫人温柔地说她需要一克镭，以便继续深入研究，但是由于太贵了，实验室实在没办法购买到这样一克镭。

麦隆内夫人听后感慨万千，于是她决定帮助这位伟大而真诚的女科学家，决定设法合力买到一克镭作为礼物送给居里夫人。回到合众国后她试图找了十个有钱的贵妇，希望她们能出资购买镭，但是只有三个人愿意捐款，于是她想还是聚集多点人的力量才能送出这份礼物。

只要有毅力、有办法就能实现想要实现的目标。麦隆内夫人组织了一个委员会，威廉·佛·穆狄夫人、罗伯特·米德夫人、尼古拉斯·布瑞狄夫人、罗伯特·阿俾大夫和弗兰西斯·卡特·伍德大夫等都是很得力的代表。很快地她们募集到了需要的善款，于是麦隆内夫人联系到了居里夫人，并把这一克镭作为礼物送给她。如此珍贵而难得的礼物是人们对科学的热爱和对居里夫人科学精神的尊重。好心善意的委员会成员都很想成为居里夫人的朋友，哪怕只是见见她。

然而低调而内敛的居里夫人害怕面对很多人以及出席公开场合的活动，她更愿意自己待在实验室和实验器材打交道。但美国人是开放直接的，她们热切地邀请居里夫人去做客，一想到面对的是一群陌生的人，居里夫人还是很惊慌的。麦隆内夫人诚恳地拜托她前往，安慰她，排除她的一切顾虑。居里夫人感动了，业已54岁的她压抑住自己内心的害怕，开始了人生的第一次正式活动。

居里夫人在法国为人处世一直非常低调。她的纽约之行把她推向了一个新的世界。伊蕾娜和艾芙真切地看到了她们这位慈爱的妈妈在世界人民眼中是一个怎样特别而充满传奇的科学家。

她真的来到了期盼她已久的美国，见到了成千上万崇拜她的陌生而热情的人们，他们感受到了“疲倦客人的简朴魅力”，看到了一位“羞怯的纤弱妇人”。这位“装束朴素的学者”来到了麦隆内夫人的房子。一位园艺师由于镭治好了他的癌症，为了表达对居里夫人的尊敬和由衷的感谢，他亲手精心地培育了美丽的玫瑰花，把麦隆内夫人的房间装点得非常美好。

美国所有的城市以及大学都邀请居里夫人去访问，他们都期待着居里夫人成为他们的大使、名誉博士，期待着居里夫人穿着华丽的教授长袍出现在大家面前。但是玛丽微笑着说没有带来大学教授的长袍，而且她压根就没有这样的衣服。索尔本的男教授都有一件长袍，然而居里夫人却简朴到没有一件出席公共场合的衣服。

麦隆内夫人找来了裁缝，赶制着正式的着装。衣服料子是黑罗缎的，用丝绒镶边，再披上博士学位特有的鲜艳的无袖长袍。但是习惯了简单的玛丽觉得穿这些套装很复杂、很烦琐，特别是绸缎的布料刺激着她那被镭烧坏了的手指。

5月13日，什么都准备好了。在安德鲁·卡内基夫人家里进过午餐后，居里夫人、麦隆内夫人、伊蕾娜和艾芙就开始了匆忙的旅行。5月20日是一个重大的日子，哈定总统在华盛顿将一克镭赠给了居里夫人。赠她的镭分装在很多试管里，存放在特别镶了铅皮的匣子里，这些试管很贵重，它们的辐射太大了，所以只能安全地存放在工厂里。一个装着"镭"的匣子放在白宫东厅中央的一张桌子上，外交人员、政府高级行政官员、陆海军及大学的代表都在大厅里等候。

四点，大门打开了，一行人依次走进来了，法国大使朱塞昂先生挽着哈定夫人，哈定总统挽着居里夫人，再是麦隆内夫人、伊蕾娜·居里和艾芙·居里，最后是"玛丽·居里委员会"的女士们。

总统真挚地向居里夫人致词，表示她是一个"高尚的人，忠诚的妻子，慈爱的母亲，除了她那极艰辛的工作之外，还尽到了妇女的全部天职"。他亲手把一卷用三色丝带扎好的文件交给玛丽，并且把一个绸带系着的极小的金钥匙，挂在她的脖子上，这就是那个匣子的钥匙。

玛丽对大家发表了简短的答谢词。各位客人们从居里夫人面前走过，她则面带微笑地看着他们，用祥和的眼神和客人们进行无声的交流，伊蕾娜和艾芙代表她与前来致意的客人们握手，并根据哈定夫人所介绍的人的国籍，用英语、波兰语、法语说客气的话。最后他们又有序地走出了大厅，大厅的台阶上有一大群记者在焦急地等待着。

见面会后走出来的人们迫不及待地大声宣布"镭的发明者接受她的美国朋友赠送的无价之宝"，其实玛丽·居里在哈定总统决定把那一克镭送给她前，就曾想要放弃，这是人们不知道的。在正式赠予之前，麦隆内夫人把文件拿给她审阅，她认真看过后淡淡地说："这个文件必须修改。美国赠给我的这一克镭，应该永远属于科学。只要我活着，我将只把它用于科学研究。但是假如就这样规定，那么在我死后，这一克镭就成了私人财产，成为我的女儿们的产业——这是不行的。我希望把它赠予我的实验室。我们能不能找一个律师来？"

这让麦隆内夫人觉得有点为难，就说："好吧！既然你愿意这样，我们可以在下星期办正式手续。"

"不要等下星期，不要等明天，就在今晚办妥。这个赠予证书要马上生效，我也许会在几小时内死去的。"

很晚的时候，好不容易找来了一位律师，他们迅速起草了一份附属证书，居里夫人这才毫不犹豫地签下了自己的名字。

途经费城的时候，居里夫人和各行各业的著名人士互换了礼物：有一位工厂的经理赠给她五十毫克新钍；著名的美国哲学学会授予她约翰·斯考特奖章。为了表示由衷的谢意，玛丽送给这个学会一个"有历史意义的"压电石英静电计，这是她在刚开始的几年研究中自己制造并且亲自使用的。同时她还参观了著名的镭炼制工厂。在匹斯堡大学里，她又获得了一个荣誉博士学位。

玛丽穿着她的教授长袍，这件衣服穿在她身上非常合身，但是她不愿意用方帽盖住自己的头发，觉着那样戴着不舒服。照片中一群学生和戴着硬黑方帽的教授中，她手里拿着本该戴在头上的方帽。自然美才是真的美，她那天生的美在一群人中很是突显，不过她自己从未发觉。

6月17日，居里夫人由于血压很低，医生很担忧，以至于被迫中断了旅行。她勉强休息了几天，身体有了一点恢复，就去到了波士顿和纽海文，并且到韦尔斯利、耶鲁、哈佛、西蒙、拉得克力夫等大学去。

6月28日，她登上了奥林匹克号轮船，而房间里迎接她的是大堆的电报和鲜花。这次旅行，玛丽其实很累，但是她也很满意。她在信件中说道，她很是幸运地“在美国对于法国和波兰的友谊上做了一点极小的贡献”，她引述哈定总统和柯立芝副总统对她两个祖国所表达的同情的言辞。因为她朴实自然的风格征服了几百万美国人的心，得到了所有接触过她的人的珍贵友谊。就像麦隆内夫人，直到她去世，始终是她最忠实、最亲切的朋友。

1922年5月15日，国联理事会一致通过约请“居里·斯可罗多夫斯基夫人”为国际文化合作委员会委员。“居里·斯可罗多夫斯基夫人”表示接受了。

这对玛丽来说又是一个重大的日子，自从她正式在公众面前露面后，分别有几百家慈善团体、几百个联合会和社会团体请求她赞助，她没有授权过一次。玛丽实在没空投身到这些邀请中，无论是怎样的情形她都在政治上保持一个纯学者的风范。因此，居里夫人加入国联工作，是有特殊意义的，她这一次没有忠于科学研究。

国际文化合作委员会找到过一些著名人物：伯格森，吉尔伯特·墨莱，朱罗·德特瑞，还有许多别的人。玛丽后来成为副主席，她参加了几个专家委员会，以及巴黎的国际文化合作研究院的指导委员会。

1922年2月7日，巴黎医学科学院院士的选举结果发表了。科学院院长晓发尔先生对玛丽说："您是一个伟大的学者，一个竭诚献身工作和为科学牺牲的伟大妇女，一个无论在战争中还是在和平时期始终为分外的责任而工作的爱国者，我们向您致敬！您在这里，我们可以从您那儿得到精神上的好处，我们感谢您！有您在我们中间，我们感到自豪！您是第一个进入科学院的法国妇女，但是除您之外，还有哪一个妇女能当之无愧？"

1923年，居里基金会决定郑重庆祝镭的发现25周年。政府很重视这个表达敬意的庆祝会，议会两院一致通过一项法案，给居里夫人4万法郎年金作为"国家酬劳"，并规定伊蕾娜和艾芙可享有继承权。自从波兰解放之后，玛丽心里就有了一个伟大的计划——她要在华沙创设一个镭研究院，作为科学研究和癌肿治疗的中心。

其实她的倔强没办法解决种种困难。波兰在长期被奴役的情形下，元气刚刚恢复，一切都很缺乏：缺乏财力，缺乏专门人才。而玛丽没有工夫亲自去安排妥当，也没空去亲自参加募款。

一个晴朗的早上，波兰共和国总统为研究院码上了第一块砖，居里夫人码上了第二块，华沙市长码第三块，这个仪式丝毫没有其他正规仪式的约束和做作。波兰元首斯塔尼斯拉斯·吴哲其耶贺夫斯基对玛丽在国外生活那么多年后，母语依然十分纯正感到非常惊讶。在巴黎的时候，他可是斯可罗多夫斯基小姐的伙伴呢。

总统问她："你还记得吗？33年前我带着秘密的政治使命回波兰，你借给我一个旅行用的小枕头，那个枕头很有用！"玛丽笑着回答道："是啊，我还记得你一直没有还我。"

几年过去了，砖块砌成了墙壁，玛丽和布洛尼亚的努力没有结束，她们两个已经把大部分积蓄用在这项工作上面，但是仍然缺钱购买治疗癌症肿瘤所必需的镭。

玛丽并没有感到绝望，她考虑再三后想到了曾给她很大帮助的合众国，想到了真诚的伙伴麦隆内夫人。这个慷慨热情的美国妇女得知了玛丽建设华沙研究院的消息，付出的努力不下于她自己的实验室。于是她开始了第二个让人惊讶的计划——募捐购买镭的善款——这是美国赠予居里夫人的第二克镭。

如同1921年一样，玛丽在1929年10月登上了再次前往纽约的轮船，她将代表波兰向合众国致谢。如同1921年那样，人们又颁给了她许多光辉的荣誉头衔。值得一提的是，期间胡佛总统邀请她入住了白宫。

1932年5月29日，玛丽·居里和布洛尼亚·德卢斯卡共同的努力得到了回报。共和国总统摩斯齐茨基先生、居里夫人和瑞果教授出席了华沙镭研究院的揭幕典礼。在布洛尼亚的精心设计和督导下，研究院十分宽敞，线条完美。其实在揭幕前的几个月，研究院早就及时地用放射治疗法给病人治病了。

这是玛丽最后一次看到波兰了，看到她出生的城市，看见她时时牵挂着的故乡，她很不舍地去看了维斯杜拉河。在她的信里，一再写道她对这片土地，对这条河流，对这些街道都是那么的热爱。

第七章　诺贝尔奖

1. 荣获诺贝尔物理奖

1896年，法兰西共和国物理学家贝克勒尔发表了一篇工作报告，详细地介绍了他通过多次实验发现的铀元素及其化合物具有一种特殊的本领，它们能自动地、连续地放出一种人的肉眼看不见的射线，这种射线和一般光线不同，能透过黑纸使胶卷感光，它同伦琴发现的伦琴射线也不同，在没有高真空气体放电和外加高电压的条件下，却能从铀和铀盐中自动发生。铀及其化合物不断地放出射线，向外辐射能量。

就在同一时期，玛丽正在细读物理学方面最新的著作，包括近来物理上的各种最新发现，想从中找出了一个适合自己的论文题目来。

在讨论这个重大问题的时候，皮埃尔的劝告对玛丽而言是很重要的。他是玛丽的实验室主任，而且他的年纪比较大，经验自然丰富得多。玛丽在他身边总认为自己有点像个学徒。有皮埃尔的指导和建议，玛丽放弃了一些她原先认为也不错的题目。

玛丽开始翻阅实验研究报告，她很快注意到法国物理学家亨利·贝克勒尔前一年发表的一些著作。这些著作在一出来的时候就被皮埃尔拿到她手上，她已经看过，现在她再读一遍，用她习惯的谨慎态度加以研究，希望可以获得一些灵感，好写出一个别有新意的论文来。自从伦琴发现X射线之后，亨利·普安加瑞就有意研究与X射线类似的其他射线是否是“荧光性”物质在光的照射下放射出来的，他希望可以弄明白这些物质所放射出来的射线是反射阳光还是自身就拥有的。亨利·贝克勒尔也注意到了同样的问题，他观察了一种“稀有金属”——铀盐，虽然没有得到他预测的现象，但他观察到另外一种完全不同并且不可解释的现象：铀盐自发地放射出一种性质不明的射线，不必先受光的照射。亨利·贝克勒尔把一种铀的化合物放在黑纸包的照相底片上，结果发现它可以透过黑纸使底片感光；这种奇怪的“铀”射线和X射线一样，能把周围空气变为导电体，使验电器放电。这是之前没有被发现的，是一个有趣的现象。

唯一能让亨利·贝克勒尔肯定的是这种特性并不取决于是否被日光照射，即使将铀的化合物长久地放在黑暗中，这种特性依然存在。他发现了后来玛丽·居里叫做放射性的现象，但是关于这种放射性的来源还是一个谜。他不能解释这种现象，也不能解释这种放射是不是意味着有更多的物质具备这一现象，并且这些物质所发出的射线是不是都具有这样的能使胶卷感光的特性。

这的确是一个很特别的现象，居里夫妇对此表现出极大的兴趣。

铀化合物不断地以辐射形式发出来的极小能量源自何处？这种辐射的性质是什么？这是极好的研究题目，极好的一篇博士论文！之前只是对此表示好奇，而现在由于要写论文，玛丽突然发觉这可能是一个从没有被发现而即将被发现的领域，这对玛丽更有吸引力。贝克勒尔的著作是新的，据她所知，欧洲所有的实验室中还没有人深入研究铀射线。现在也没有任何书籍有关于这个射线的介绍说明，只有亨利·贝克勒尔在1896年提交给科学院的几篇学术报告。这样大胆地进入一个未知的领域，想想都让人热血沸腾。玛丽能够想象到，如果自己能够顺着这条路研究下去，那么所取得的成就自然是不可估量的。

玛丽很快就下定决心要研究这个铀化合物的放射性问题。当然，如果要进行大量的实验就必须要有个地方来让自己进行实验，最好是自己能拥有一个实验室，不过这样庞大的资金不是她个人能承担得起的。这正是最大的困难。皮埃尔向理化学校的校长请求了好几次，却得到了一个很一般的结果：玛丽可以自由使用一间在学校大楼底层装有玻璃的工作室。这是一间贮藏室和机器房，狭小局促，阴暗潮湿，除了最简单的桌子椅子之外，基本上没有用得上的东西。这个房间除了不会风吹雨淋外，几乎就和露天一样了。这个青年妇女并不气馁，她很快找到了一个能在这间陋室里运用她的仪器的办法。

众所周知，任何金属仪器都害怕潮湿，那样不仅会使仪器慢慢腐蚀，同时会影响到仪器的精密度，特别是像玛丽这样的高精度研究实验。这间小工作室的气候对于灵敏的静电计更是致命，对于玛丽的健康也颇有伤害，不过这无关紧要，只要能够实验就足够了。这个女物理学家觉得太冷的时候，就在她的工作笔记本上记下摄氏温度计指明的度数，1898年2月6日的记载是“温度六度二十五分！”这个温度已经超过寒冷的界限了，这令玛丽十分不满，于是她在温度后面加上了感叹号。

现阶段玛丽最关心的是测量铀线的“电离能力”，即铀射线使空气变为导电体并使静电计放电的能力。她所使用的那种极好的方法，原是她熟悉的两个物理学家——皮埃尔和雅克·居里以前为研究别种现象而发明的。这样的设备很便宜，玛丽用的设备是由一个“电离室”、一个居里静电计和一个压电石英静电计组成的最基本的仪器。

几星期后有了初步结果：玛丽断定这种惊人的辐射的强度与检查过的化合物中铀的含量成正比。这种辐射完全可以精确测量，不受化合情形或外界环境的影响。这是一种来自物质本身的属性，不是通过外界的东西强加的。

这些发现对于外行人而言并没有什么了不起之处，但是对于学者们来说却有极大的吸引力。物理学上常会遇到一些无法解释的现象，经过几次研究之后，就可以对这些现象进行归纳总结，最后可以归入以前已知的定律中，但是那样一来研究者也就会立刻失掉对它的兴趣。但是玛丽的研究绝不是这样。她越深入研究铀射线，越觉得它不寻常，它具有一种未知的性质，同任何东西都不相像，也不受任何东西影响，这是一种全新的不被人所知的新领域。虽然它的能量很弱，仿佛没用，却有一种特殊的“个性”。她对这种奥秘反复思考，追求真相，更是加大了研究时间。不久就确定这种无法解释的辐射是一种原子的特性。

她又自问：虽然只观察到了铀元素具有这种现象，但是目前没有什么理由可以证明只有铀是可发出射线的化学元素。为什么别的物质却没有同样的能量呢？射线先在铀元素里发现也许是偶然的，但是在物理学家心里却把它与铀连在一起了，现在应该在别的地方去找它，只有这样才有可能打破这种限制，从而找到一条更为广阔的路来。

想到就做。玛丽扔下了对于铀的研究，决定检查所有已知的化学物质，不久就有了结果。另外一种物质——钍的化合物，也会自行发出射线，与铀射线相似，强度也相似。这个青年妇女有了很清楚的观念，这种现象绝不只是铀的特性，必须给它一个不同的名称。居里夫人提议把它叫做放射性。铀元素和钍元素等这些有特殊“辐射强度”的物质，被称为放射元素。

这样的猜想立即调动了玛丽的全部注意力和精力。放射性简直迷住了这个女物理学家，她毫不疲倦地用同样的方法研究各种极不相同的物质，从中寻找出具有放射性的物质，再经过物质分解来发现其中的放射元素。在这段时间里，玛丽性格里的好奇心，女人的非凡的好奇心，学者的首要美德，得到了充分的表现。渐渐地她不再满足于观察盐类和氧化物这些简单化合物，她忽然想要把在理化学校采集的矿物加工成各种标本，用静电计检查它们。皮埃尔赞成她的意见，并且帮助她挑选硬的、最容易碎的、奇形怪状的矿脉碎片。

她原先就有一种直觉，她基本知道自己检查矿物的结果是什么：不含铀或钍的标本，一定显得完全“不放射”；含铀或钍的矿物，一定有放射性。这是一个很简单的道理，但是也需要经过试验来证明。事实证明了这种预料。于是玛丽不得不抛开那些不放射的矿物，专心研究其余的矿物，并且测量它们的放射性。测量中有了一个戏剧性的发现：这种放射性的强度，比其中铀或钍的含量预计的强度大很多！

这个年轻的妇女想："这一定是实验错误。"学者们对于出乎意料的现象的第一个反应，总是怀疑。

玛丽现在站在十字路口，有几百个研究者曾经在那里停留过许多年，耗尽青春也没有什么突破性发现。他们检查所有已知的化学物质之后，像玛丽一样发现了钍射线，仍继续无结果地自问这种神秘的放射性是从哪里来的，其本源又是什么呢。玛丽也这样自问，也觉得惊异，但是她的惊异转化成了有结果的行动，她已经用尽所有明显的可能性，现在她要将目光转向更深奥的、未知的东西。

玛丽毫不动摇地对同样的产物重新进行测量。这是一个极其消耗时间的过程。她不得不承认一个事实：在这些矿物中，铀和钍的含量决不能解释她观察到的这种异乎寻常的辐射强度。铀和钍的辐射强度基本一致，现在这种反常的而且过度的放射性是哪里来的？看来这不是实验数据错误，因为玛丽已经反复试验了多次，现在只能有一种解释：这些矿物一定含有一种少量的比铀和钍的放射性强得多的物质。

但是，这是什么物质？玛丽在以前所做的试验中，已经检查过所有已知的元素了。她很惊讶，甚至都不敢相信自己会得到这样的结论。她提出了一个很大胆的假定：这些矿物一定含有另一种放射性物质，而且还是一种至今没有人发现过的化学元素——一种新物质！她心中忐忑不安，也激动不已，或许她将会见证一种新元素的

"诞生"。

1903年的诺贝尔奖，居里夫人没有被正式提名。当时的提名信是说皮埃尔·居里和贝克勒尔先生合作无间，所以应该一起获奖。但事实上，皮埃尔一直讨厌贝克勒尔，他们从来没有合作过，贝克勒尔本人是单独工作的。他们脾气不合，是不可能进行合作的。一位瑞典数学家把提名信的内容告知皮埃尔。皮埃尔因此给瑞典科学院写信，要求与居里夫人共同提名。但这并不能算作正式提名信。结果瑞典科学院只有用1902年一位法国医学科学院病理学家已稍微过期的提名顶替，居里夫人才因此成为三位得奖者之一。自然，这也是后来很多人不相信居里夫人能力和知识的一个重大依据，不过在玛丽获得诺贝尔化学奖之后，这个说法不攻自破。而瑞典科学院只请皮埃尔作学术报告，而没有请居里夫人。这当然与当时社会不重视女性很有关系，但同时也是不认为玛丽在这个研究过程中起过什么重大作用的表现。

2. 荣获诺贝尔化学奖

居里夫人在获得诺贝尔物理奖之后，继续从事放射性物质的研究，并进一步研究镭化合物。这是一个更加精密的工作，也是一个一步步取证的过程。在之前，居里夫人已经提纯了镭，但是那依然是以化合物的方式存在，现在玛丽为了让人们更加清楚地认知镭，她必须提纯出镭金属。

这是很不容易的，毕竟放射性物质都存在一个特点：活跃。

接下来的日子，玛丽重复着实验，不断提纯镭，克服一个个困难。终于，在付出一般人双倍时间的辛勤工作之后，她成功提纯出了镭金属。这是镭元素第一次以单质的形式存在于人们眼前。

把镭提纯成氯化物，就是一种灰暗的如食盐一般的白色粉末，但是它的特性，真是惊人。它的辐射强度远远超过居里夫妇之前的各种预测，比铀的辐射强200万倍不止，这样的能量已经达到不可思议的地步了。科学家已经详细研究了这种作用，把镭的射线再分为不同的三种，它们能透过最不透明的材料。只有很厚的铅层才能够挡住这些看不见的辐射射线。这些现在已经被写在了中学物理课本上，看着只是简简单单的几十个字，但是却是居里夫妇以及众多学者耗费大量时间的研究成果。

镭与很多元素不同，它有自己的影子，有自己的标志：它会自动挥发出一种特殊的气体——镭射气。这种射气很活泼，仿佛它不应该存在于人们视线中那样，即使把它封闭在玻璃管里，它也依照一种严格的规律每天自我损耗很多，所损耗的质量会变成别的能量形式并且产生出另一种射气，温泉的水里就有这种射气。它还向一些似乎是物理学不可动摇的基础理论挑战，将存在了几百年的物理学常规理论打破，那就是镭自动放热，它在一小时内放出的热量可以融化与它等重的冰。不过镭不能打破能量守恒原则，虽然它会产生热量以及别的物质来，但是也是以消耗自身质量为前提的。但是这种不间断的能量变化使它更加神秘，它能穿过黑纸使胶卷感光；

它能使空气导电，并使远处的验电器放电；它能使盛装过它的玻璃容器呈现紫色或淡紫色；它能一点点地腐蚀包裹它的纸或棉花，使它们成为粉末；它能发光，这是已经知道的。而至于它的更多的特性也正在一步步摸索中。玛丽后来写道："白天看不见这种光，但是在半黑中就很容易看出来，在黑暗中，一点儿镭发的光就足够照读之用。"镭能使许多自己不能发光的物体发出磷光，例如金刚石，"镭的作用可以使金刚石发磷光，这样可以辨认出假金刚石，因为假金刚石的光极微弱。"

总之，镭的放射是"传染的"，像强烈的气味或疾病一样传染。这是很多元素都不具备的特性，若把一件东西、一种植物、一个动物或一个人放在装镭的玻璃管旁边，会立刻发生一种可以看得出来的"活动"。这种"传染"时常扰乱精密实验的结果，它是皮埃尔和玛丽的日常仇敌。他们不得不考虑将它放到别的房间里，否则自己的实验仪器都损坏了，那样真是太可怕了。即使在居里夫妇去世30年或40年之后，他们的工作笔记本仍藏有这种活跃而且神秘的"活动"，并依然会影响到测量仪器的检测精准度。

镭放出热量并且产生氦气和镭射气，自动地消灭人们已经远离了关于惰性物质和原子不变的学说。在此之前的5年，学者还相信宇宙是很确定的物体组成的，是永远不变的元素组成的。但是这样的"不变"却面临一个挑战，现在每过一秒钟，镭的粒子就从自身产生出氦气的原子，并且把它们用极大的力量放射到外面去。仿佛是一种自我净化功能，它绝不允许别的东西依附在自己身上，一旦依附了别的东西，它就会不惜损耗自身的质量将这些入侵者流放到更远的地方。这种极小但却惊人的爆发，玛丽叫它“原子嬗变的激变”。爆发后的残渣是镭射气的一种气体原子，这种原子本身又变成另外一种有放射性的物质，而这种物质又再起变化。这就像一个子母弹一样，从一个生出另一个来，但是不会停止，再生成别的，如此反复。这些放射元素成为一个奇异而且残酷的家庭，这个家庭里的每一个成员，都是母质自动嬗变产生出来的：镭是铀的“子孙”，钋是镭的“子孙”。这些物质每时每刻都在产生出来，依照永恒的规律自我毁灭着。在固定的时间内，每一种放射性元素失掉它的实质的一半，铀减去一半需几十万年，镭需要一千六百年，镭射气是四天，镭射气的“子孙”只需几秒钟。物质虽表面不动，但是内部却充满了争斗，充满了冲突以及变化，这种肉眼看不出来的变化往往会从物质内部改变物质的性质。

1911年，居里夫人以发现并成功提纯出镭金属获得该年的诺贝尔化学奖。

3. 不为名利所累的平常心

玛丽每次从外旅行回来，总是会有一个女儿在车站等着她的归来，兴奋地看着她坐的火车缓缓驶来，奔向行走在人群中的妈妈。

这个学者朴素到让常人无法接受，她小心地拎着一个很大的棕色手提皮包，这还是多年前一个波兰妇女联合会送给她的，里面塞满了纸张、文件、纸夹和眼镜盒子。玛丽的一只手抱着一把枯萎的花，即使这把很普通而且硬邦邦的花是路上有人赠给她的，给她添了许多麻烦，她也不舍得扔掉。在家里，当她看邮件时，艾芙就跪在几个小皮箱前面，替她整理带回来的行李。

每个晚上，居里夫人都会随意地坐在地板上，周围到处是纸张、计算尺、小册子。她从来都需要有足够大的空间去完成实验、演算什么的，而不是像一些专门的学者那样安稳地坐在舒适的沙发椅里。

实验室的帮手也和别的人一样，能感觉到她那含而不露、世上罕见的吸引力。玛丽雇私人汽车司机时，人们可以看见乔治·波阿德热泪横流，因为他想到，从此以后每天把居里夫人由皮埃尔·居里路送回白杜纳码头的是另外一个人，而不再是他了。乔治原本是研究院里的杂工，既是干粗活的技工，又同时是汽车司机和园丁。

玛丽是一个不太喜欢把自己的感情表达出来的人，但是她的细心和深情都表现在生活中的细微之处，以至她能在平凡中看出身边人的闪光点。

每当研究院里的伙伴有人得到了什么荣誉，获得了什么称号，有了什么认证资格，她都会一视同仁地为这位幸运者举行专门的实验室茶话会。每当夏天来临，这种温馨愉快的小聚会就搬到了花园里的椴树下；每当冬天到了，他们就把温馨带到了温暖的而平时一直安静着的图书馆。

如果付诸努力的试验没有得到预期的效果，居里夫人就会很受打击。她颓丧地窝在椅子里，驼着背，抱着双臂，眼神是空洞的，她的模样就仿佛是遭受很大打击又有着无法言说的悲哀的农妇。他的伙伴们看到了她如此的模样，就会关切地问，是不是出了什么大事故，是不是遇到了大挫败。玛丽很无力地说道："锕X没有沉淀。"

居里夫人也经常提及自己的死亡，在表面看来她提及此事时表情很淡然很轻松，因为这是每个人都无法逃离的命运。

她常常理智地说这样一些话，比如，"我的余年显然已经不多了"或者"在我去世后，镭研究院的命运究竟会如何，这使我不安"。

其实她并没有看开，她也像所有普通人一样，害怕死亡。崇拜她的人们都觉得这是一个非凡的女性，她的生命，她的生活也将无法与常人相对比。当然这是外人的想法，居里夫人自己一直很谦逊地以为自己是一个很平凡的人，一个热爱工作的人，如此而已。

三十年前，皮埃尔·居里一直是怀着悲观的心情投身到他的实验工作中，似乎他能预感到是一场突发的意外事故把他带离了这个丰富多彩的世界。而此时居里夫人也有了这样的担忧。

她为了没那么多空闲时间陷入无端的害怕和担忧中，就更加专注地投入到工作中，疯狂地制定实验计划。她保持这样的状态，越来越无视身体上越来越明显的倦怠感，要知道她虚弱的身体还一直伴随着不佳的视力、风湿性肩膀疼痛和经常有的耳鸣。

她依然是那么忙碌而认真地工作，并且一如既往地忽视着自己的健康状况。她很严格地要求学生准备各种预防措施，做好防护措施，对于装有放射性物质的试管一定要用夹子。但是她自己呢？从来都不会注意这些。还是好不容易才同意研究室检验她的血液，因为这是必须遵守的规定。检查结果是她的血液成分不正常。35年的研究生活，居里夫人一直在接触着危险的镭，一直在呼吸镭射气，健康很明显受到了很大影响。在接近4年的战争期间，她还一直受着伦琴仪器释放出来的更危险的射线。她不顾危险的各种做法，本着为了更接近科学、接近真相，她的血液有了变化，手也因为严重的灼伤而化脓、感染，干枯。这些都是一位科学人为了她热衷的研究活动做出的巨大牺牲。

1933年12月，居里夫人的X光片上显示胆囊有结石，病痛折磨了她一段时期。而令人担忧的是她的父亲斯可罗多夫斯基先生就是因为这个病症过世的。

她害怕令人恐惧的手术，不得不重视起自己的健康问题，这样才能避免接受手术。

其实她一直想在梭镇的乡间找一处安静的住所，可是由于她的研究计划的繁重，使得这件有益于她健康的事情不得不一拖再拖。直到现在情形严峻，她才开始着手办这件事。她查看了造房子的预算，并支付了巨额的房款。直到1934年10月，她终于离开了白杜纳码头的房子，搬迁到大学城里一座很现代的房子里去了。

玛丽想带着布洛尼亚去美丽的地方旅游，看看不一样的风景，但是没走多远，她就病在了加发来尔的别墅里。玛丽由于着凉，浑身发抖，显得十分困乏和无力。在身体很不舒服的情况下，她像一个生病需要疼爱的小孩一般，十分委屈地扑倒在二姐的怀里。因为气管炎的折磨，她担心不能及时写完她的书。布洛尼亚不停地照顾她安抚她。但是到了第二天，玛丽没有再这么颓废和悲观，低落的心情有了好转。

天气的晴朗也给她带来了好心情。医生都在说她由于工作过度劳累而导致患上了流感。而玛丽又一直不注意自己的身体，发着低烧也不在意。之后布洛尼亚回波兰去了，心里总是有着莫名的担心和不安。姐妹俩在月台上进行了最后一次拥抱。

玛丽的病时好时坏，她觉得自己身体还好时就去实验室继续工作，感到头晕目眩时就留在家里写书。不管怎样她都不想闲着。她会每个星期用几个小时规划她的新住房以及在梭镇新建的别墅。但是这段时间她的低烧更加严重了，艾芙实在没办法，只能劝她赶紧请医生来看看。她从来不愿意请医生，总是说医生们“叫人厌烦”，“没有钱酬谢他们”，就因为这个原因她都没请过法国的医生来为她诊治，这样一位热爱科学的女性在面对疾病时是那么讳疾忌医。

1934年5月的一个下午，她一直在实验室工作到3点半，无力的她疲倦而爱怜地拂过她的老朋友——蒸发皿和仪器。她对伙伴们说，她正在发烧，要回家去了。

无奈地躺在病床上的她以从未有过的顺从态度接受着她一直认为厌烦和烦琐的检查和治疗。但没有医生能确诊她的病情，有的说是流感，有的说是气管炎。不论怎样都没法清楚地知道她的身体是哪儿出了状况。经过两次X光和五六次分析，专家们只是看到了她的肺叶上有以往的病灶和一点阴影。专家们没办法发现她的病因，但是又感觉她的每一个器官都是有问题的。他们给她用了湿包疗法和拔罐疗法治疗。当她从医院出来回到白杜纳码头房子时，身体也未见有明显的好转，在这样的情况下，家人朋友开始想到了环境较好的疗养院。

无奈的艾芙小心翼翼地跟她被病痛折磨的妈妈说了这件事。玛丽顺从地答应了，因为她也认为郊区疗养院清新的空气会对她脆弱的身体有点帮助。但是她的身体却是依然一日不如一日，就在准备出发前，艾芙又请来了最好的医生给虚弱的玛丽检查了一下。她的病情仍在加重，医生强烈建议入住疗养院。

这是最痛苦的一次旅行了，才到圣哲末的时候，玛丽在火车上就虚弱地晕倒在了艾芙和护士怀里。到了目的地，她被安排住进了桑塞罗谋疗养院中最漂亮的房间，用X光机又检查了她的身体，做了几次检查后发现，她并不是因为肺出毛病才这样虚弱的，这次为了新鲜空气的大搬迁显得那么的无用。

在这里，她的低烧演化成了高烧，她自己看着温度计上那可怕的超过40℃的水银柱。她几乎不怎么说话了，无望而黯然的眼神写满了悲哀与绝望。她们从日内瓦请来了罗斯教授，他分析了这几天玛丽的血液检测结果，他发现血液里红细胞的数量减少得特别快，他确定玛丽患上了可怕的恶性贫血症。玛丽此时却很担心医生会为她动胆囊上的手术。罗斯教授安慰她不会为她动任何手术的，他会竭尽一切可能治疗她的病，可是无奈玛丽的生命正在很快地从她脆弱的身体中抽离。

7月3日早晨，居里夫人坚持着自己拿起温度表看体温，仿佛能从上面读到自己的命运。当她惊奇地发现温度降低了，开心地笑了，虽然这一般被称为“回光返照”，但是艾芙跟她说这就是康复的表现，她的身体肯定是快要好转了。躺在床上的她用充满希望的眼神看着窗外的太阳和远山，动情地说："治好我的不是药，而是清新的空气和这地方的高度。"

直至她即将离世的时候，她痛苦地轻轻呻吟着："我再不能表达我的意思了，我感到恍惚。"她说着一些关于工作的话，没有提及两个女儿，也没有提及自己的姐姐和哥哥，她艰难地说："各章的分段，都应该是一样的。我一直在想这个出版物。"她盯着一个放了汤匙的茶杯，仿佛这就是一把药刀——一种精巧的实验用具。

胡乱中她又说了几句含混不清的话，医生正要给她注射药物，她突然清醒了，用很微弱的声音喊道："我不要！我希望别打搅我！"就在离世之前她表达了自己对疾病的反抗，对痛苦的治疗的反抗。皮埃尔·卢依大夫和艾芙温柔地牵着她逐渐冰凉的手，在接下来的16小时里她的心脏还在微弱地跳动，她还在用自己的力量和命运抗衡，带着对这个世界的留恋以及对自己未竟事业的留恋无声地挣扎。直到黎明时分，太阳从群山中醒来，阳光爬满了整间屋子，照在了玛丽瘦瘦的没有任何表情的脸上，她走了……

而居里夫人的病因也终于查清，从血液成分的不正常到红血球剧减到患上恶性贫血，这都是由她研究了一辈子的"镭"辐射造成的。瑞果教授后来写道："居里夫人也许要算是她丈夫和她发现的放射性物质的牺牲者之一。"在桑塞罗谋，涛贝教授写出了例行的报告："居里夫人于1934年7月4日在桑塞罗谋去世。她的病症是一种发展很快的发烧和再生障碍性恶性贫血，骨髓不起反应，大半是因为长期辐射造成的。"

这个不幸的消息传了出去，亲友知道了，世界也知道了。住在华沙的海拉，正在赶往法国的火车里的约瑟夫·斯可罗多夫斯基和布洛尼亚，在蒙彼利埃有雅克·居里，伦敦的麦隆内夫人，巴黎的伙伴们，镭研究院的学者们都知道了这一噩耗。其中乔治·福尼埃是玛丽喜欢的学生之一，他无比难过地写道："我们失去了一切。"

居里夫人躺在桑塞罗谋的床上安息了，没有吵闹，没有哭泣，没有悲痛。因为她说了不要打搅她。忠诚的人们一直在这所房子里守护她，不许生人进去看她，吵到她的安息。

一身白色的衣服，头发梳在后面，她的面容安详又庄严，一副安静的样子。一双被镭严重灼伤的粗糙的手没有了痉挛，僵硬地平放在床单上。

1934年7月6日，星期五下午，居里夫人谦卑地到了死前的住所，没有演说，没有仪仗，没有一个政治家或官员在场。爱她的近亲、朋友和合作者，看着她被葬在梭镇墓地里。她的棺木放在皮埃尔·居里的棺木上面，布洛尼亚和约瑟夫·斯可罗多夫斯基向墓穴撒下一把从波兰带来的泥土。墓碑上又加了一行新记载：玛丽·居里·斯可罗多夫斯基，1867年—1934年。

一年之后，玛丽去世前写成的一本书出版，这是她给年轻的"物理学爱好者"的最后启示。

镭研究院已经恢复了工作，在那个明亮的图书馆里的许多科学作品之中，又加上了这本巨著。灰色的封面上印的著作者的名字是："皮埃尔·居里夫人，索尔本教授。诺贝尔物理学奖、诺贝尔化学奖获得者。"

书的名字简单而神圣——《放射学》。

居里夫妇是一对将自己的一切都无私地奉献给科学事业的伟大科学家，然而法国有关部门对待他们的工作所给予的待遇是不公平的，对于他们的科研成果反应是迟钝的。首先承认居里夫妇的才干并提议给他们安排一个相应职务的是瑞士政府，1900年，当时居里还只能为着每个月500法郎而在缺乏设备的实验室工作时，瑞士的日内瓦大学愿以年薪1万法郎和教授的待遇聘请他开设物理学讲座。但是为了提炼出纯净的镭而从不考虑金钱和待遇的居里夫妇谢绝了。他们的第一枚奖章是英国赠的，由于他们发现了放射性新元素钋和镭，开辟了放射化学这一新领域，1903年英国皇家学会邀请他们夫妇到伦敦讲学，并授予皇家学会最高的荣誉——戴维奖章。1903年底，居里夫妇和贝克勒尔一起被授予诺贝尔物理学奖。

在聘书、荣誉接踵而来的情况下，法国巴黎大学才于1903年授予居里夫人物理学博士学位。1904年巴黎大学理学院才为皮埃尔开设了讲座。1905年皮埃尔才被推举为法兰西科学院的院士，只讲奉献不求索取的居里夫妇并不计较这些在他们看来没有价值的问题。伴随着荣誉而来的是繁忙的社交活动和频繁的记者采访。他们的工作和生活，以及他们的女儿都成了新闻，成为时髦酒客的谈话资料。对此他们感到烦恼和不安，他们需要的是安静，是继续工作，而不是骚扰。为此他们不得不像逃难者一样，化了装，躲到偏僻的乡村去。当一个美国记者机警地找到他们后，玛丽很坦率地告诉他："在科学上，我们应该注意事，不应该注意人。"一些要在美国创立制镭业的技师要居里夫妇申请制镭这项发明的专利时，他们夫妇商议后做出决定："不想由于我们的发现而取得物质上的利益，因此我们不会去领取专利执照，并且我们将毫无保留地发表我们的研究成果，包括制取镭的技术。若有人对镭感兴趣而向我们请求指导，我们将详细地给以介绍，这样做，对于制镭业的发展将有很大好处，它可以在法国和其他国家自由地发展，并以其产品供给需要镭的学者和医生应用。”如此声明可见居里夫妇所具有的无私、宽阔的胸怀，他们把自己的科研成果看作全人类的共同财富。

1935年11月23日，在居里夫人的悼念会上，阿尔伯特·爱因斯坦写的《悼念玛丽·居里》中说道：“在像居里夫人这样一位崇高人物结束她的一生的时候，我们不能仅仅满足于只回忆她的工作成果和对人类已经做出的贡献。第一流人物对于时代和历史进程的意义，在道德品质方面，也许比单纯的才智成就方面还要大，即使是后者，它们取决于品格的程度，也超过通常所认为的那样。

“我幸运地同居里夫人有20年崇高而真挚的友谊。我对她的人格的伟大愈来愈感到钦佩。她的坚强，她意志的纯洁，她的律己之严，她的客观，她的公正不阿的——所有这一切都难得地集中在一个人身上。她在任何时候都意识到自己是社会的公仆，她极端谦虚，永远不给自满留下任何余地。由于社会的严酷和不公平，她的心情总是抑郁的。这就使得她那严肃的外貌，很容易使那些不接近她的人发生误解——这是一种无法用任何艺术气质来解释的少见的严肃性。一旦她认识到某一条道路是正确的，她就会毫不妥协地并且极端顽强地坚持走下去。

“居里夫人的品德力量和热忱，哪怕只要有一小部分存在于欧洲的知识分子中间，欧洲就会面临一个比较光明的未来。”

附录

居里夫人生平

居里夫人，原名玛丽·斯可罗多夫斯基，1867年出生于波兰的华沙。她的童年正值沙俄侵略，在当时那种压迫似的教育下，年少的玛丽感到十分不舒服，心里产生了一些为祖国而奋斗的想法。转眼高中毕业，由于性别的原因，成绩优异的她不能在任何俄国或波兰的大学继续学习，而她又十分爱好学习，想要学习却不能够去学习的境况使她十分苦恼，初恋的夭折也打击着她，她的精神在一年的时间里处于十分不好的状态，患有精神疾病。但是，现实的不顺并没有使她颓废绝望，反而使她更坚定了为求学而远离家乡的决心。为了筹措自己的学费，她在乡下当了整整8年的家庭教师。

8年后，没有磨灭的梦想最终得到实现，在姐姐的经济支持下她来到了巴黎——一个将彻底改变她命运的地方，并在索邦（巴黎大学的旧名）学习数学和物理学。在经过四年的刻苦学习之后，玛丽终于如愿地从巴黎大学取得了物理及数学两个学士学位。同时，或许是由于她愤慨自己在小时候因性别歧视而不能继续上学的境遇，毕业后，她成了该校的第一名女性讲师。

令玛丽印象深刻的恋爱是在她做家庭教师的那八年奋斗时期发生的，她与她所辅导的一个少爷佐洛斯基相恋。这是一位十分英俊聪明的年轻人，与玛丽家还有着一些亲缘关系，并且最后还成了著名的数学家。年轻人的真诚爱恋并没有得到佐洛斯基家庭的认可，他们虽然有认可玛丽的温顺美丽，却看不上她这样的穷亲戚，他们一致认为这样的女人是不能给自己的孩子带来上层社会所需求的优雅大气的气质以及上层社会的生活方式的，于是不顾这两位年轻人的感受，坚决反对并无情摧毁了这段恋情。玛丽在这场爱情保卫战中失去了很多，直到收到佐拉斯基的分手信，玛丽才恋恋不舍地收拾起破碎的心离开了自己熟悉的故乡和一直热爱的祖国，远赴巴黎求学。

“那段日子非常难挨，是我一生中最难过的时刻。唯一能让我回忆起来还堪告慰的，是我依然高抬着头，光荣退出。”也许今天许多人都在感谢这段不成功的恋情——如果玛丽不曾离开波兰，就不能见到她后来的挚爱伴侣——皮埃尔·居里，那么今天我们对科学的认识也许不会是现在的模样。但是，我们也应该承认的是，那段痛苦的经历在玛丽的心灵上所留下的伤痛是我们不忍心见到的。

玛丽在索邦大学期间，经波兰学者、瑞士福利堡大学物理学教授约瑟夫·科瓦尔斯基的介绍，与皮埃尔·居里结识，最终相恋并结婚生子。1895年，她与任教于巴黎市工业物理和化学学院的皮埃尔·居里结婚，1897年秋天，长女伊蕾娜出生。

这对夫妻因科学而相识相爱，在婚后更是全身心投入到对科学的研究中去，特别是对放射性物质、元素的研究，经过一段时间的研究他们发现：沥青铀矿石的总放射性比其所含有的铀的放射性还要强。1898年，居里夫妇对这种现象提出了一个符合逻辑的推断：沥青铀矿石中必定含有某种未知的放射成分，其放射性是铀的放射性的千百倍。

在此之前，1898年法国物理学家贝可勒尔发现含铀矿物能放射出一种神秘射线，但未能揭示这种射线的奥秘。而玛丽和她的丈夫皮埃尔·居里在得知以后便共同承担了研究这种射线的工作。他们在极其困难的条件下，对沥青铀矿进行提炼、分解和分析，终于在1898年7月和12月先后发现两种新元素。紧接着，玛丽在12月26日公布了这两种新物质的存在。

为了纪念她的祖国波兰，玛丽将其中一种元素命名为钋（Polonium），另一种元素命名为镭（Radium），意思是"赋予放射性的物质"。之后，为了制得纯净的镭化合物，居里夫人又历时四载，经过不断的提炼分析，从1000千克的沥青铀矿的矿渣中提炼出100千克氯化镭，并初步测量出镭的相对原子质量是225。这个看似简单的数字中凝聚着居里夫妇几百个日夜的心血和汗水。不幸的是，就在即将领取诺贝尔奖的时候，皮埃尔·居里因车祸英年早逝！玛丽也从此开始了她一个人为科学奋斗拼搏的艰苦研究之路。

据传居里夫人晚年跟她丈夫生前的学生保罗·朗之万有一段韵事，这个事件在法国被炒得风风雨雨。1911年《巴黎新闻报》在11月4日发表文章《爱情故事：居里夫人与郎之万教授》，并传言皮埃尔在世时，郎之万和居里夫人就有密切往来。但爱因斯坦对这件事的看法是："如果他们相爱，谁也管不着。"并在1911年11月23日给居里夫人写信以表安慰。

1903年6月，居里夫人以《放射性物质的研究》作为博士答辩论文，顺利获得巴黎大学物理学博士学位。同年11月，英国皇家学会授予居里夫妇戴维金质奖章。12月，他们又与贝可勒尔共获1903年诺贝尔物理学奖。

在此之后的几年中，经过不懈的努力，他们终于成功地从沥青铀矿石残渣中分离出氯化镭并发现了两种新的化学元素：钋和镭。这在放射性的发现和研究上获得了开拓性成果，因此居里夫妇和亨利·贝克勒尔共同获得了1903年的诺贝尔物理学奖，玛丽也因此成了历史上第一个获得诺贝尔奖的女性。同时，居里夫人作为玛丽的另一个名字开始广为人知。

1911年，经过八年的继续努力，居里夫人又成功分离了镭元素，并因此获得诺贝尔化学奖。但出人意料的是，在获得诺贝尔奖之后，她并没有为提炼纯净镭的方法申请专利，反而将之公布于众，这种无私奉献的做法有效地推动了放射学的大力发展，也为后来放射学应用于医学等领域打下了基础。

居里夫人一生共获得10项奖金、16种奖章、107个名誉头衔，特别是获得了两次诺贝尔奖。

居里夫人是历史上第一个获得两项诺贝尔奖的人，同时也是在不同的领域获得诺贝尔奖的人之一。在第一次世界大战期间，居里夫人倡导将放射学应用于救护伤员，积极推动了放射学在医学等领域的运用。1921年，她赴美国旅游并开始为放射学的研究进行筹款。在20世纪90年代的通货膨胀时期，居里夫人的头像曾在波兰和法国的货币和邮票上出现过。化学元素锔（Cm）就是为了纪念居里夫妇而命名的。居里夫人有一篇著名的留世制作《我的信念》。

获奖辞

大约在15年前，铀的射线被贝克勒尔发现了，两年后，首先是由我，然后由皮埃尔·居里和我，将这个现象的研究扩展到其他物质上。这种研究使我们发现了新元素，它们的射线与铀相似，但是强烈得多。所有放射出这种射线的元素被我称为放射性元素。而且这些物质，特别是镭，使得放射性研究取得了突飞猛进的发展。随后的发现接二连三地出现，显示着一门新的科学正在发展之中。通过把诺贝尔奖物理学奖授给这个领域的开拓者贝克勒尔、皮埃尔·居里和玛丽·居里，瑞典科学院十分善意地颂扬了这门科学的诞生。

从那时起，一大批一往无前的科学家献身于放射性物质的研究。请允许我向你们提及其中一位。他通过他的学生们所完成的许多研究，已经不仅成功地增长我们的知识，而且还对放射性物质进行了非常清晰的分类；他通过一个适合于对现象进行研究的十分精确的理论形式，为这门新科学提供了一个主干。我很愉快地回忆起卢瑟福于1908年来到斯德哥尔摩，接受与他的研究工作相称的诺贝尔奖。

这门新科学远没有停止，而是沿着一条正确的道路不断地朝前。仅仅在贝克勒尔发现铀的射线的15年后的今天，我们就面临一个全新的世界，尽管它与物理学和化学有密切的联系，但仍属于一个特别的领域。在这个领域中，从普通的理论观点来看，镭的作用是具有决定性的。这一物质的发现与分离证实了我的假说，按照这一假说，放射性是物质的一种原子特征，并且能提供一种寻找新元素的方法。这个假说已导致了现象的放射性的理论，根据它，我们可以肯定地预言存在着大约30种新元素，而这些元素我们一般不能通过化学方法把它们分离出来或者用化学方法对它们进行描述。我们还假定，这些元素在进行着原子嬗变，支持这个假定最直接的证据是由实验事实所提供的，即化学元素氮的形成源于化学元素镭。

从这个角度来看，可以说分离镭的任务是放射性科学大厦的基石。不仅如此，放射性实验室里，镭是非常有用有力的工具。我认为，正是出于这些考虑，瑞典科学院才给予我极大的荣誉，把今年的诺贝尔化学奖授予了我。

——玛丽·居里

获奖时代背景

1895年底，伦琴将他的初步通信《一种新射线》和一些X射线照片分别寄给各国著名的物理学家，其中包括法国的庞加莱。庞加莱是著名的数学物理学家、法国科学院院士。1896年1月20日法国科学院开会，他带着伦琴寄给他的论文，并展示给与会的科学家。这件事大大激励了安东尼·亨利·贝克勒尔的兴趣。他问这种穿透射线是这样产生的？庞加莱回答说，这一射线似乎是从阴极对面发荧光的那部分管壁上发出的。贝克勒尔推想，可见光的产生和不可见X射线的产生或许是出于同一机理。第二天他就开始实验荧光物质会不会产生X射线。然而，贝克勒尔最初的一些实验却是失败的。正在这个时候，庞加莱在法国一家科普杂志上发表了一篇介绍X射线的文章，文章有一次提到荧光物质是否会同时辐射可见光和X射线的问题。贝克勒尔读到后很受鼓舞，于是再次投入荧光和磷光的实验，终于找到了铀盐能自动射出一种穿透胶卷而使胶卷感光的射线。科学界为了表彰他的杰出贡献，将放射性物质的射线定名为“贝克勒尔射线”。

1896年，贝克勒尔发表了一篇工作报告，详细地介绍了他通过多次实验发现的铀元素，铀及其化合物具有一种特殊的性质，它们不断地放出射线，向外辐射能量。这使居里夫人发生了极大的兴趣。这些能量来自于什么地方？这种与众不同的射线的性质又是什么？居里夫人决心揭开它的秘密。1897年，居里夫人选定了自己的研究课题——对放射性物质的研究。1898年12月26日，玛丽在提交给法国科学院的报告中宣布他们又发现一个比铀的放射性要强百万倍的新元素——镭。

这一发现立即震惊整个物理学界，一些保守的科学家表示怀疑“镭在哪里？指给我们看看，我们才能相信！”皮埃尔和玛丽决心以事实来回答这一切怀疑。但是，要提炼出纯镭，必须要有大量的矿物和较大的实验室。在奥地利的一位教授的帮助下，他们花掉了全部的存款，变卖了所有值钱的东西，才买到十几麻袋沥青铀矿渣。为了实验室，居里夫妇同巴黎大学交涉，回答他们的是一番无情的嘲笑。最后是理化学校同意供给他们一个长期不用的木棚。木棚的地面是用沥青铺的，玻璃房顶破旧得不蔽风雨。室内只有两张破旧的桌子，一只炉子和一块皮埃尔用来进行计算的小黑板。居里夫妇就在这样的破屋里开始了伟大的科学试验。历经45个月的不分黑夜和白天的紧张工作，在他们的健康受到损害——皮埃尔全身疼痛，玛丽明显地消瘦了——之后，他们终于成功地获得了10克纯镭。镭发现了，而且不久发现镭对治疗癌的有很大的功效，于是镭价飞涨，一些好友劝居里夫妇申请专利，有了这项专利权，居里夫妇转眼就将成为人间巨富。

但是居里夫妇并没有因为这样的巨大财富空间而激动，在面对众人的友好提醒之后，他们在一起商议着怎么处理“镭的个人专利”问题。他们认为镭对医疗事业有巨大的作用，对整个人类都有巨大的作用，而他们作为科学研究人员，不应该将自己的研究当作商品，虽然他们很缺金钱。他们果断地放弃了提出个人专利的申请，并且将镭的提炼资料对外公布。他们如金子一般的心使得很多人尊敬他们，而他们为科学奉献的精神也激励着更多的人。

1903年，诺贝尔奖委员会在考虑他们的科研成果及科学研究者的为科学奉献的精神后，决定将该年的诺贝尔物理学奖颁发给他们。

居里夫人年表

1867年11月7日，生于波兰王国华沙市一个中学教师的家庭。父亲乌拉狄斯拉夫·斯可罗多夫斯基是中学的数学教师，母亲布罗尼斯洛娃·柏古斯卡·斯可罗多夫斯基是女子寄宿学校校长。幼名玛丽·斯可罗多夫斯基。玛丽行五，上有三姐一兄，即苏菲、布罗尼施拉娃、海伦娜和哥哥约瑟夫。

当时波兰处于俄国沙皇——亚历山大二世（1818年—1881年）的统治下。

1868年，1岁，父亲斯可罗多夫斯基任诺佛立普基公立中学副督学。母亲体弱，患肺病，不得已辞去女校校长职务。全家搬离费瑞达路住了八年的屋子。

1873年，6岁，父亲被俄国当局降职降薪，在家收寄宿生。玛丽进私立寄宿学校，校长是西科尔斯卡女士。

1876年—1878年，9岁-11岁，大姐（1876年）因患斑疹伤寒，母亲（1878年）因长期患肺病先后不治去世。

1881年，14岁，离开寄宿学校，转入俄国管理的公立中学校。俄国沙皇亚历山大二世被刺，亚历山大三世（1844—1894）即位。

1882年，15岁，法国青年学者皮埃尔·居里（1859年5月15日生，时年23岁）受聘于巴黎市理化学校，任物理实验室主任。他与胞兄雅克·居里共同发明居里静电计。

1883年6月，16岁，中学毕业。毕业后去波兰南部乡间亲戚处度假。有时与少年伙伴越境去加里西亚丛山中游玩，借以大声说波兰语，放声唱波兰歌。

1884年9月，17岁，回华沙。在城内担任家庭教师。参加波兰爱国青年定期秘密聚会的“流动大学”，听课，做科学实验，并担任扫盲工作。

1886年1月，19岁，到普罗克、斯茨初基、索波特担任家庭教师。为资助二姐布罗妮施拉娃前往巴黎深造（华沙的大学不收女生），并为自己升学积攒费用。

1891年9月，24岁，赴巴黎求学。11月，进入索尔本大学（即巴黎大学）理学院物理系。

1893年7月，26岁，以第一名的成绩获得物理学学士学位。从华沙方面获得“亚历山大奖学金”600卢布，解决了她的经济困难，得以继续在法国深造。

皮埃尔·居里发明不用砝码的精确天平——居里天平。

10月，英国物理学家汤姆生（克尔文勋爵，1824—1907）渡海访问居里。

1894年，27岁，接受国家工业促进委员会有报酬的研究钢铁磁性的任务，以补充学习费用的不足。

4月，经波兰学者、瑞士福利堡大学物理学教授约瑟夫·科瓦尔斯基的介绍，与皮埃尔·居里结识，以便利用居里领导的设备较好的实验室。

7月，通过数学学士学位考试。

收到皮埃尔·居里的论文《论物理现象中的对称原理：电场和磁场的对称性原理》。

皮埃尔·居里发现顺磁质的磁化率与绝对温度（T）成反比，初称居里定律。后在1907年经法国物理学家韦斯进一步研究，予以精确化，命名为居里—韦斯定律，方程：X=C/（T－Q）铁磁物质的转变温度称为居里点（Q），达到此温度，失去铁磁性，呈顺磁性。

1895年3月，28岁，皮埃尔·居里（36岁）通过博士学位考试，论文题目是《在各种温度下物质的磁性》。后任理化学教授。

4月，玛丽·斯可罗多夫斯卡的论文《铀和钍的化合物之放射性》，由李普曼宣读于科学院。

7月26日，玛丽与皮埃尔·居里在巴黎郊区梭镇结婚。玛丽·居里任女子中学教师。

12月，维尔茨堡大学校长、德国物理学家伦琴（1845—1923）发现X射线，提出《关于一种新射线的初步报告》等三篇研究报告。此射线按惯例称为“伦琴射线”，但后来通称X射线。

1896年3月，29岁，法国物理学家贝克勒尔（1852—1908）研究铀盐，发现铀的放射性，时称贝克勒尔射线。

8月，玛丽通过大学毕业生担任教师的职称考试。

得到理化学校校长舒曾伯格（1827—1897）的支持，玛丽谋得职位，在该校物理实验室工作，与皮埃尔（室主任）共事。

1897年，30岁，发表论文《回火钢的磁化作用》。

9月12日，长女伊蕾娜·居里出生。

1898年，31岁，发现钋的放射性，上年末或本年初德国化学家施密特（1865—1949）也独立做出发现。

7月，居里夫妇向科学院提出《论沥青铀矿中一种放射性新物质》，说明发现新的放射性元素84号，比铀强400倍，类似铋，居里夫人建议以她的祖国波兰的名字命名新元素的名称为钋（Polonium）。

从此居里夫妇密切合作，共同研究，建立最早的放射化学工作方法。

12月，居里夫妇和同事贝蒙特向科学院提出《论沥青铀矿中含有一种放射性很强的新物质》，说明又发现新元素88号，放射性比铀强百万倍，命名为镭（Radium）。

玛丽·居里关于发现新元素钋的报告，用波兰文在华沙《斯维阿特罗》画报月刊上发表。

1899年，32岁，经过法国科学院通讯院士、维也纳大学地质学教授绪斯（1831—1914）建议，由维也纳科学院交涉，得到奥地利政府馈赠，从所属捷克圣约阿希姆斯塔尔矿领到沥青铀矿残渣一吨，供提炼纯镭之用。

发表论文三篇，《感应放射性研究》（合作者：德比尔纳）、《镭射性的化学作用》、《在放射性作用中同时引起的电荷》。

居里夫人研究镭时，发现在射线作用下空气有臭氧生成，并注意到射线使玻璃和瓷器赋色，这就导致辐射化学的建立，研究辐射所引起的化学反应的工作由此开始。

10月，皮埃尔的学生、化学家德比尔纳（1874—1949）用氢氧化铵与稀土元素共同沉淀分离出沥青铀矿中所含第三种新的放射性元素锕（Actinitum）。他后来参加提炼纯镭工作。

原子物理学家卢瑟福（1871—1937）发现他所说的镭射气、钍射气，即放射性惰性气体氡（Radon）。不久，德国的唐恩（1848—？）也于1900年发现了镭射气。卢瑟福据放射性辐的贯穿本领区分α射线、β射线及γ射线。

德国物理学家埃尔斯特（1854—1920）和盖特尔（1855—1923）发现发射粒子的衰变定律。

法籍犹太军官德雷福斯（1859—1935）蒙冤，作家左拉（1840—1902）发表《我控诉》要求无罪释放。皮埃尔·居里参加上述斗争，主持正义，抗议政府的错判。

1900年3月，33岁，皮埃尔在综合工艺学校得到导师职务。

玛丽在巴黎西南的赛福尔女子高等师范学校任教，讲授物理学。

玛丽发表论文《论放射性钡化物的原子量》。

居里夫妇在巴黎国际物理学会上宣读论文《论新放射性物质及其所发射线》。

10月，经彭加勒（1854—1912）推荐，皮埃尔到索尔本大学为医科学生开设的物理、化学、博物学讲座（P.C.N）任教。

两位德国学者瓦尔柯夫和吉泽尔宣称镭对生物组织有奇特效应。后经居里夫妇证实镭射线会烧灼皮肤。

1901年，34岁，居里夫妇发表论文《论放射性元素》。

皮埃尔·居里与德比尔纳发表论文《论镭盐引起的感应放射

性》。皮埃尔·居里与贝克勒尔发表论文《镭射线的生理作用》。

瑞典科学院诺贝尔奖金委员会开始按照诺贝尔遗嘱办理奖金颁发事宜，德国物理学家威廉·伦琴由于发现X射线于1901年首次获物理学奖。

1902年，35岁，经过三年又九个月的提炼，居里夫妇从数吨残渣中分离出微量（一分克）氯化镭$RaCl_2$，测得镭的原子量为225，后来得到的精确数为226。

玛丽的论文《论镭的原子量》发表。

皮埃尔发表论文《论时间的绝对计算》。

皮埃尔的学生郎之万（1872—1946）到老师手下工作，从事磁学研究，直到1904年转往法兰西科学院。

德国化学家麦克华特独立发现类碲，后来弄清即为钋。

俄国化学家门捷耶夫（1834—1907）来实验室参观访问，共同探讨放射性问题。

1903年6月，36岁，玛丽在索尔本大学发表博士论文《放射性物质的研究》，获理学博士学位。

皮埃尔发表论文《论感应放射性及镭射气》。皮埃尔与拉伯德发表《论镭盐自动释放的热量》，他们注意到镭的化合物不断发热，每克镭每小时发热一百卡。

10月10日，中国作家鲁迅以笔名自树在东京出版的《浙江潮》月刊第八期上首次发表介绍镭的文章《说鈤》。文中把居里夫人译作“古篱夫人”。鈤是镭的旧译。

12月，瑞典科学院诺贝尔奖金委员会宣布把本年度诺贝尔物理学奖授予亨利·贝克勒尔和居里夫妇，以奖励前者发现天然放射性，后者对天然镭放射现象所进行的研究。

1904年1月，37岁，《镭》杂志创刊，主编丹讷（1872—1935）。丹讷于1901年就在皮埃尔指导下进行研究。

皮埃尔和生物学家布沙尔（1837—1915）（巴尔塔沙尔）发表论文《镭射气的生理作用》，这方面的研究后来导致发明居里疗法，即镭疗法。

皮埃尔和拉伯德发表论文《论温泉所发气体的放射性》。

夏季，皮埃尔风湿症发作，无法赴瑞典领奖。稍后，瑞典方面把诺贝尔奖状、奖章、奖金（折合七万法郎）交法国公使转交。

10月，皮埃尔蒙索尔本大学校长李亚尔推荐，受聘为该校理学院新设物理学讲座正式教授。

11月，玛丽任索尔本大学理学院物理实验室主任。

12月，次女艾芙·居里出生。

1905年6月，38岁，居里夫妇前往斯德哥尔摩瑞典科学院，履行诺贝尔奖金获得者须亲自前往领奖并做学术讲演的规定。

7月，皮埃尔当选法兰西科学院院士。

1906年4月19日，39岁，皮埃尔被运货马车辗压致死，享年47岁。

玛丽谢绝教育部提出的以居里教授遗孀身份领取国家抚恤金的办法。

5月，受聘于索尔本大学理学院，接替皮埃尔讲授物理学课程，年薪一万法郎。11月开讲，讲题为《电与导电材料关系的现代理论》。

7月10日，郎之万《居里先生著作简介》发表于《每月评论》。

1907年，40岁，居里夫人设法接受五六个研究生。两年内接受美国卡内基奖学金三名研究名额。

提炼得纯氯化镭，并测得镭的原子量为226。

和友人郎之万、佩韩（1870—1942）等合办儿童学习班，指导伊蕾娜·居里、弗兰西·佩韩等科学家的子弟约八九人的学习，前后办两年。郎之万教数学，玛丽教物理，佩韩教化学，亨利·穆敦教博物，佩韩夫人等教文史。

1908年，41岁，为《皮埃尔·居里著作集》撰序，追述作者的业绩。该书由法国物理学会委托郎之万编辑，出版于巴黎。

晋升为教授。

1909年，42岁，德文论文《镭的原子量》发表于《放射性和电子学年刊》第三十八卷。

伊蕾娜·居里入正规学校就读。

1910年2月，43岁，皮埃尔的父亲欧仁·居里大夫去世。

和德比尔纳合撰发表《论钋》发表于《镭》杂志。

《论放射性》两卷出版。

提炼出纯镭元素，测定出各项物理化学性质，还测定出氡（Radon）和若干其他元素的半衰期，整理出放射性元素蜕变的系统关系。

9月，参加在比利时布鲁塞尔举行的放射学会议。普朗克、爱因斯坦、卢瑟福、郎之万均出席。

发表《放射性系数表》。

受命制备21毫克金属镭，封存于小试管，存放于巴黎国际度量衡标准局。

1911年1月，44岁，接受友人建议，竞选法兰西科学院院士。许多正派的科学家、公正的社会人士热烈支持，巴黎《求精报》于1月9日学院审查资格之日以头版显著版面发表玛丽·居里照片和手迹，但终因院内顽固派及一些人的反对竟以一票之差落选。

10月，参加在布鲁塞尔举行的第二次索耳未量子学会议。

12月，瑞典科学院诺贝尔奖金委员会宣布将本年度化学奖授予玛丽·居里，以奖励她发现镭、钋元素的化学性质，推进了化学研究。

前往斯德哥尔摩领奖，并做学术讲演。守寡的姊妹布罗妮施拉娃和长女作陪。

1912年5月，45岁，接见波兰教授代表团。该团持波兰作家显克微支（1846—1916）函前来，居里夫人同意指导在华沙建立放射学实验室。

12月，因病住院疗养。

论文《放射性的测量和镭的标准》发表于《物理学杂志》第二期。

前往法国西端布列塔尼半岛。

1913年夏季，46岁，接受肾手术后，应英国友人艾尔敦夫人之邀，前往英国休养。

参加不列颠学会在伯明翰举行的会议。会见卢瑟福。

论文《放射性物体的照射》发表。

前往华沙为放射学实验室落成揭幕。

1914年7月，47岁，由巴斯德研究院院长罗医师建议而设立的镭学研究所，其生物学和居里疗法实验室，即居里楼落成。居里夫人担任研究院理事会理事。

论文《放射性元素及其分类》发表于《每月评论》。

7月，第一次世界大战爆发。

把价值高昂的实验用镭一克（时值一百万法郎，十五万美元）密封入五十磅重铅罐，秘存于银行保险库，以免战乱失落。

接受法国妇协（即法国红十字会）委派，负责放射部工作，指导各地X射线照相工作，配合战地救护。

1915年，48岁，从索尔本大学物理学实验室迁入镭学研究院放射学实验室。

奔波于国内外各地，指导十八个战地医疗服务队。

1916年，49岁，在镭学研究院为卫生员开设辐射学速成课，教医生学会寻找人体中异物（例如弹片）位置的新法，受协约国军方赞许。

接受伊蕾娜（19岁）、马施·克莱因（后来的皮埃尔·韦斯夫人）等为助手。

1917年5月，50岁，和郎之万、佩韩等会见英国友人卢瑟福、布里奇（皇家海军中校）等，后者代表英国政府参加英法联合委员会，经法转赴美国商讨三国军事科学协作方案。

美国参战。

1918年，51岁，向军需部放射物资委员会报告放射性元素及其原理和应用问题。

前往意大利北部视察放射性物资资源。

继续为军队训练X光照相技术人员，包括为参战美军军医开办训练班。

11月，大战结束，协约国获胜。

波兰恢复独立。

1919年，52岁，重返镭学研究院，指导实验室工作。

再度接受各国选送来要求培养、各地私人团体以及个人请求指导的研究人员。

自本年起至她去世，这个实验室总共提出报告483份，论文34篇，她亲自参加31项研究。

1920年，53岁，居里基金会由法国财阀亨利·德·洛特柴尔德子爵倡议建立，从本年开始拨款支持镭学研究院。

5月，美国纽约妇女杂志《描述者》总编辑麦隆内夫人采访居里夫人。回国后即发动美国妇女和人民捐款协助居里夫人解决实验研究缺乏镭的问题。

1921年，54岁，根据战时笔记整理，写成《放射学和战争》，出版于巴黎。

3月8日，接见我国北京大学校长蔡元培。蔡元培出国考察途中抵达巴黎，邀请居里夫人到北京大学讲学，未成。

5月，母女三人渡海赴美，去接受美国玛丽·居里镭基金募捐委员会“玛丽·居里委员会”所赠送的镭一克（时价十万美元）。赠送仪式于20日在华盛顿白宫举行，美国总统哈定主持。

到费城，接受新钍五厘克，她则以自己最初使用的压电石英计转赠美国哲学会。

论文《论同位素学和同位元素》出版于巴黎。

1922年2月，55岁，当选为巴黎医学科学院院士。

5月，应第一次世界大战后建立的国际联盟秘书长埃里克·德拉蒙德爵士根据国际理事会的决定发出的邀请，参加上年设立的国际文化合作委员会。初任委员，后当选为副主席。为此，经常去日内瓦出席会议。

1923年7月，56岁，患白内障，接受眼科手术，未痊愈，后于1924年、1930年，又接受三次手术。

为《英国百科全书》撰写词目。

撰写《皮埃尔·居里传》（110页，1924年出版）。

应麦隆内夫人之请，写生平概要。

1924年，57岁，索尔本大学举行纪念会庆祝发现镭25周年。

3月，德比尔纳发表《纪念发现镭25周年》于《化学和工业》。

法国政府、议会赠予居里夫人四万法郎。

岁末，接受郎之万所介绍的学生弗里德里克·约里奥（1900—1958）参加实验室工作，做研究助手。

1925年，58岁，回华沙，为镭学研究院奠基，担任名誉主任。

1926年，59岁，居里夫人的波兰论文《钋的化学性质》发表于华沙。

1927年，60岁，在布鲁塞尔参加第五次索耳未会议，对美国物理学家康普顿（1892—1962）的报告提出补充意见，意见收于下年《电子和光子》卷。

1928年，61岁，约里奥 · 居里夫妇第一篇论文在科学院报告书上发表。

1929年，62岁，去美国，代表华沙镭学研究院接受美国人民馈赠的又一克镭，总统胡佛主持赠送仪式。

母女发表论文《镭的衰变》。

1930年，63岁，向法国政府申请特别研究补助费，得到50万法郎。居里夫人发表论文《论锕》。

1931年，64岁，前往华沙主持镭学研究院开幕典礼。

1932年，65岁，向国际电学会提出论文《放射性物体三种射线和原子结构的关系》。

12月，和佩韩、德比尔纳主持施士元的论文答辩。

1933年，66岁，前往西班牙首都马德里，参加国际文化合作委员会会议，当选为主席，呼吁各国保卫科学和文化。

10月下旬，和约里奥 · 居里夫妇前往布鲁塞尔参加索耳未第七届物理学会议。

12月，患胆结石。

1934年，67岁，著作《放射性》（两卷）写成，次年出版。

约里奥 · 居里夫妇在居里夫人指导下，发现人工放射性。居里夫人感到自己身心日渐衰竭，但眼见实验室研究工作取得进展，感到欣慰。她预计女儿夫妇的成绩会得到诺贝尔奖金，果然他们于次年得奖。

6月，住进上萨瓦省桑塞罗谟疗养院。

7月4日，因放射元素引起的白血病逝世于疗养院。

7月6日，葬于巴黎梭镇居里墓穴。她的兄（约瑟夫·斯可罗多夫斯基）姊（布罗妮施拉娃·德卢斯卡）向墓穴洒上从波兰带来的泥土。

获奖当年世界大事记

1903年获诺贝尔物理学奖

1月28日，洪全福、谢缵泰等谋广州举事，事泄失败。

1月29日，湖北留日学生李书城等在东京创办《湖北学生界》杂志。

2月4日，日本人制造中国近代首例假钞案。

2月17日，《浙江潮》创刊。

3月19日，中国第一所高等职业院校“北洋工艺学堂”开学，学校位于天津，首任总办周学熙。

3月27日，蔡元培等人创建“四合会”，会旨为研究政治和体育训练。

4月8日，中俄《东三省交收条约》到期，俄拒绝退兵反而增兵800多人重新占领营口。

4月8日，中国留日女学生胡彬夏等在日本发起成立第一个爱国妇女团体“共爱会”。

4月27日，上海各界人士在张园召开拒俄大会，通电反对沙俄新约。

4月27日，中国最早的工科大学天津北洋大学开学。

4月29日，留日学生组成拒俄义勇队。

5月2日，留日学生组建激进的军国民教育会。

5月8日，单士厘随丈夫钱恂由日本赴俄国，途中到哈(单士厘是我国最早走出闺门，走向世界的知识妇女之一，著有《癸卯旅行记》)。

5月27日，章士钊任上海《苏报》主笔，揭露反清言论，发表《中国当道者皆革命党》。

5月27日，《绣像小说》创刊。李宝嘉主编。商务印书馆发行。

5月27日，《苏报》发表邹容《革命军》“自序”。

6月16日，亨利·福特成立汽车公司。

6月12日，梁启超会晤美总统罗斯福于华盛顿。

6月23日，中东铁路机关报《哈尔滨新闻》创刊。1917年改名为《铁路员工》报。

6月25日，物理学家居里夫人发现了镭。

6月29日，清政府以《苏报》鼓吹革命为由，逮捕章炳麟。不久《苏报》被封，史称“苏报案”。

7月4日，太平洋海底电缆投入使用。

7月14日，中东铁路管理局成立，霍尔瓦特上校任司长，依格纳齐乌斯任副局长，中东铁路全线通车。

7月31日，慈禧下诏仗毙沈荩，沈荩被打得血肉横飞，但至死没有求饶。

8月22日，日向俄提议，互相承认在朝鲜满洲之优越势力。

8月末，孙中山在日本秘密组建军事学校。

9月7日，清廷设立商部，以载振为尚书，伍廷芳、陈璧为左右侍郎。

10月8日，为驻东三省俄军退兵第三期，俄军不如约退兵。

11月12日，盛宣怀与比国电车铁路合股公司订立汴洛铁路借款合同，总额2500万法郎。

11月18日，美国与巴拿马签订美巴条约（Hay-Herran Treaty）。

12月13日，英军大举入侵西藏，进抵西藏亚东。

12月17日，美国的莱特兄弟乘Flyer飞机完成人类首次飞行。

1911年获诺贝尔化学奖

1月7日，劳斯第一个发现癌病毒。

1月18日，美国飞行员尤金·伊利驾驶“蔻蒂斯”双翼机在“宾夕法尼亚”号重巡洋舰上降落，宣告了海军航空兵的诞生。

1月25日，中国第一部专门刑法法典颁布。

1月30日，湖北革命党人在武昌成立文学社。

2月6日，美国第40任总统罗纳德·威尔逊·里根出生。

2月11日，黄玉阶等在台湾发起第一次断发大会。

3月4日，慈禧太后的总管大太监李莲英病逝。

3月8日，第一个三八妇女节。

3月12日，上海商界成立武装商团。

4月27日，广州起义，72名烈士葬身于黄花岗。

4月26日，清华学堂成立。

4月29日，全国教育联合会在上海召开。

5月9日，清廷宣布铁路干线收归国有，激起全国怒潮。

5月14日，长沙万人集会掀起保路运动。

6月18日，孙中山抵旧金山，命同盟会员均加入致公党。

7月31日，宋教仁在上海成立同盟会中部总会。

8月17日，湖广总督下令查封《大江报》，逮捕主笔。

9月7日，赵尔丰大开杀戒，激起民愤，各路同志军猛扑成都，四处开花。

9月25日，荣县独立，为全川及全国的独立先导。

10月10日，武昌打响第一枪，辛亥革命爆发，本日成为“中华民国”的国庆节。

10月11日，革命党人宣布成立“中华民国”军政府。

10月30日，蔡锷等于昆明起义成功。

11月1日，清廷宣布解散皇族内阁，任命袁世凯为总理内阁大臣。

11月5日，清廷准革命党人按照法律改组政党。

12月1日，在沙俄政府策动下，蒙古国宣布独立。

12月13日，云南都督蔡锷主张迅速组织中央政府，定国名为“中华民国”。

12月20日，清廷与沙俄签订不平等条约——《满洲里界约》。

12月26日，袁世凯命汪精卫赴上海斡旋南北议和。

12月29日，孙中山归国，17省代表选举孙中山为临时大总统。